远程教育学研究导论

YUANCHENG JIAOYU XUE YANJIU DAOLUN

张秀梅 著

中山大学出版社
·广州·

图书在版编目（CIP）数据

远程教育学研究导论/张秀梅著．—广州：中山大学出版社，2011.8

ISBN 978－7－306－03966－8

Ⅰ．远…　Ⅱ．张…　Ⅲ．远程教育—研究　Ⅳ．G43

中国版本图书馆 CIP 数据核字（2011）第 176617 号

出 版 人：祁　军
策划编辑：施兰娟
责任编辑：施兰娟
封面设计：曾　斌
责任校对：杨文泉
责任技编：何雅涛
出版发行：中山大学出版社
电　　话：编辑部 020－84111996，84111997，84113349，84110779
　　　　　发行部 020－84111998，84111981，84111160
地　　址：广州市新港西路 135 号
邮　　编：510275　　传　真：020－84036565
网　　址：http://www.zsup.com.cn　E-mail:zdcbs@mail.sysu.edu.cn
印 刷 者：广州中大印刷有限公司
规　　格：880mm×1230mm　1/32　　7.5 印张　　200 千字
版次印次：2011 年 8 月第 1 版　　2011 年 8 月第 1 次印刷
印　　数：1～1500 册　　定　价：25.00 元

如发现本书因印装质量影响阅读，请与出版社发行部联系调换

前　言

我国远程教育发自函授教育，历经广播电视教育，发展到现在的网络远程教育已有 100 多年的历史。1998 年开始实施的远程教育试点工程是我国远程教育史上颇具划时代意义的一次重大变革。20 世纪 80 年代，远程教育研究逐步繁荣起来。在远程教育发展的过程中，人们对远程教育规律的认识也在不断深化，形成了研究与实践相互缠绕的双轨发展史，而以网络、计算机等信息技术应用为代表的第三代远程教育的兴起又对远程教育研究起到了推波助澜的作用。人们开始再次反思远程教育的理论与实践。在实践和研究这两股力量的内外推动下，作为一门新兴的学科或研究领域，远程教育发展到何种程度？知识体系累积到何种程度？学科独立性怎样？与其他邻近学科有哪些区别？其学科各子体系的研究内容和深度如何？培养远程教育专门人才的课程体系该怎样设置？这一连串的追问环环相扣，是远程教育研究人员长期以来所关心的问题。这正是本书所要回答的问题。

反观目前国内远程教育学术研究现状，学科研究日见升温，学科独立也已蓄势待发。但另一方面我们也看到，国内对国外同行研究的成果介绍引入不多，同时也不乏“零起点”或“低起点”的研究。一些在国际上早已有定论或讨论的“老问题”，国内研究人员由于没有充分地查阅借鉴而做了低水平的重复研究；许多研究所引用的文献著作和理论基础多数集中在上个世纪 90 年代中期以前，“查新”不够。对远程教育诸多子领域的研究成果特别是 90 年代以来引入的比较少，缺乏与国外同行交流和对话。90 年代中期以来，国外远程教育研究发展迅速，如不弥补这个差距，把前沿追踪、理论体系完善这个断档补上，将在某种程度上延误和阻滞我国远程教育理论与实践的健康发展。为了打通学术视野，反映国内外学术界研究同行的最新研究成果，我们需要做系统的、综合性的、全景式的扫描。另一方面，即便是国际远程教育学科体系自身，也有许多需要梳理和完善的地方。这是本书的第一个出发点。

第二个出发点是为专业建设提供必要的知识体系和理论基础。“皮之不存，毛将焉附?”专业建设与学科发展是相辅相成、互相映照的。探讨学科体系对学科独立是大有必要的，学科独立对专业发展乃至理论体系的构建及学科发展又有着反向推动作用。系统地梳理远程教育理论体系，跟进国际远程教育学科研究最新动态，可以有力地促进我国的远程教育学术研究和学科发展。德斯蒙德·基更 1993 年的博士论文就是对远程教育理论体系系统梳理的一个成功范例，其成果《远距离教育理论基础》通过 5 个“基础”提炼了当时国际远程教育的最新发展成果，其中译本已成为远程教育专业研究员和实践人员的必读之书。近 20 年过去了，国际远程教育学科理论体系有何新进展，这是远程教育专业的研究人员和实践工作者所关心的问题。因此，把这些新成果充实到专业课程体系中是十分必要的。

第三个出发点是为了解国际远程教育知名人物和学术前沿成果提供一扇窗口。借助于对子领域的纵深调研和分析，找出一些代表性人物，通过人物研究反过来了解领域的主要理论成果。这种研究思路将有助于我们更迅速地把握远程教育各子领域研究的历史发展脉络和前沿动态。

基于以上原因，本书通过梳理远程教育研究与实践发展脉络，总结和提炼前人已取得的理论成果，跟进国外同行的学术动态，采取多元的分析视角和国际视野，把握学科发展的内在逻辑和外部规律，主要探讨以下问题。

（1）远程教育学科之“形”：对远程教育学科的整体结构进行研究；

（2）远程教育学科之“异”：比较分析远程教育不同于其他邻近学科的特色和独立性；

（3）远程教育学科之“体”：探讨学科自身的基本内容，包括逻辑起点、研究对象、学科性质等基础性的问题，归纳和整理国际远程教育子体系的最新研究成果；

（4）远程教育学科之“矢”：依照合理的学科体系，借鉴其他国家的经验，构建我国的远程教育专业课程体系。

问题的性质决定方法的选用。笔者将借鉴学科学、逻辑分析和元教育学的方法论，来保证归纳和推理的有效性。在具体研究方法上综合采用文献法、历史研究法、比较法、问卷调查法、访谈法、演绎法、元研究法、内容分析法、人物研究法、归纳法等十余种方法。在对问卷数据进行分析时，综合使用描述性统计法、因素分析法、相关分析、聚类分析和独立性 T 检验等统计技术。在整个研究过程中采用系统科学方法来统筹各个部分。在不同的研究阶段依照研究内容和问题的性质依次采取不同的方法，如图 1 所示：

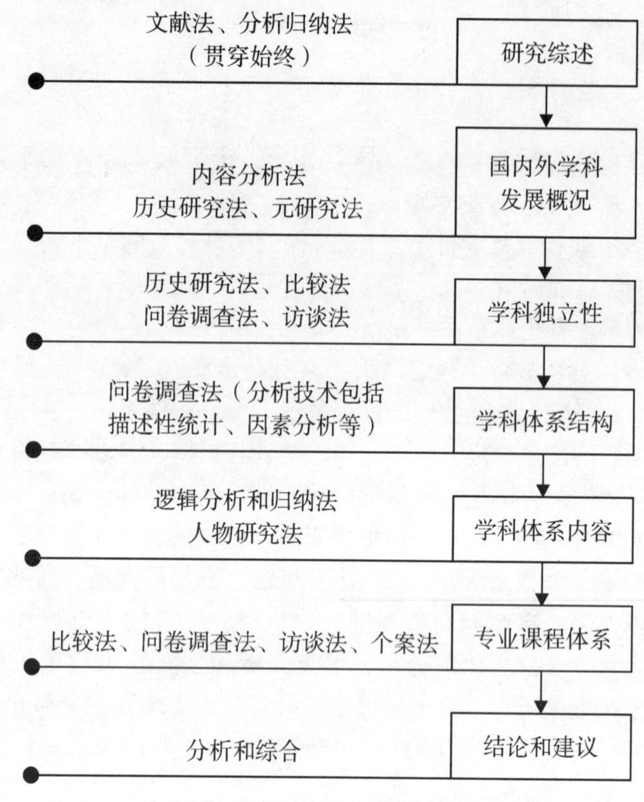

图 1　本书研究结构和方法设计

以上诸问题间的逻辑关系环环相扣、逐层深入，系统阐述了远程教育之所以为“学”的依据。

学科体系研究并不以形成某一学科领域为最终目的，其真正的价值在于通过完整的体系结构凝聚和提炼实践积累的知识和理论，以此丰富人们的认识，更好地指导实践。本书勾勒了远程教育的学科体系，丰富了学科体系内容，挖掘和凸显远程教育学科的独特性，以此来建立人们对远程教育的基本认识，增进其他学科背景人士对远程教育的了解，为我国的远程教育实践发展奠定一定的学术基础，为学科专业建设和专门人才培养提供一个参考框架。

在本课题的研究过程中，所有的观察、访谈、问卷编制、分析都是经过笔者的世界观、价值观过滤的，因此，本研究在力求保持分析客观性的同时会不可避免地受到笔者主观因素的影响。此外，由于英文相关文献浩如烟海，从中提取远程教育各子体系的核心问题，梳理不同阶段的研究成果是一件非常艰巨的任务，难免会遗漏诸多宝贵资料。限于作者的能力和精力，若有错漏、不当之处，敬请国内外同仁不吝赐教。

目　录

第一章　远程教育学元研究概述

第一节　国外远程教育元研究概述

一、学科体系结构有待完善

国外已经出现了大量的远程教育研究成果，比如基更的《远程教育理论原理》、凯思的《远程教育国际展望》等多本著作。这些著作的结构都反映了不同学者对远程教育学科子体系的分类，体现了国外学者对研究和实践不断进行综合反思的努力。在众多的远程教育综合性著作中，最耀眼的当属迈克尔·穆尔等人在2003年编辑出版的《远程教育手册》。穆尔邀请了欧美远程教育各领域的50多位顶级专家为该书撰写了7编55章内容，每一编甚至每一主题都能反映其领域发展的最新成果。该手册结构体例精练而又不失完整，从另一侧面也反映了穆尔本人对学科体系结构的分类，是本领域目前学术性最高、体系最完整的一本著作，它代表了远程教育学科体系建设的最高水平。

从学科体系的角度来看，穆尔的《远程教育手册》并没有把远程教育学与其他学科进行系统地比较，没有探讨远程教育学之所以为“学”的一些基本要素，比如逻辑起点等问题，因而也就没有突出远程教育学的学科特色。

二、理论研究着眼于“点”而非“体”

在国外学术性较高的博士论文库 PQDD 中，笔者检索到与远程教育元研究相关的博士学位论文有如下几篇：

（1）Grounded meta-analysis of qualitative case study dissertations in distance education pedagogy（Stall-Meadows, Celia Elaine, 1998）：采用扎根理论和元研究方法相结合，对采用远程教育教学法（distance education pedagogy）做个案研究的四篇博士论文进行研究，找出各论文所反映的远程教育教学法的共同主题和不同之处，并与霍姆伯格 1995 年提出的教学法理论进行对比，从中发现远程教育理论新的生长点，以使理论具有更好的概括性。

（2）Emerging issues affecting distance education research and practice in higher education: A global futures perspective（Cegles, Kathleen A., 1998，影响远程高等教育研究与实践的新问题：国际趋势展望）：作者采用德尔斐方法对专家进行了三轮问卷调查，来探明哪些问题是远程教育工作者（比如教师、研究者、管理者、学习支持服务人员等）在研究与实践中应该要考虑的问题，以揭示 20 世纪 90 年代末高等远程教育的一些新现象和新趋势。

（3）An historical analysis of a distance education forum: The International Council for Distance Education world conference proceedings, 1938 to 1995（Bunker, Ellen L., 1998，对一个远程教育学术论坛的历史分析：1938—1995 年间国际远程教育理事会国际会议论文集的内容分析）：采用内容分析法（forum analysis）对 1938—1995 年间 ICDE 的 17 次会议的论文集进行内容分析，以揭示远程教育实践和研究的发展规律，最后列出了协会中对本领域发展有重要影响的一组核心人物。

（4）Theory and practice of distance education（Barrett, Nancy

F.，1998，远程教育理论与实践）：采用访谈法和文献分析方法来探讨远程教育领域中哪些是最好的实践活动。通过对远程教育领域杰出的实践家进行访谈，作者发现在教与学、技术和管理三个子领域呈现出了最好的实践活动，然后用组织和学习理论来探讨这三个子领域制衡的关系。

（5）The rhetoric of distance education（Brown，Harryette，1999，远程教育叙事法）：作者运用法国哲学家福柯（Michel Foucault）的知识考古学方法，在收集有关历史实物（主要是印刷形式的）的基础上对远程教育的课程发展历史做研究，将其分为三个发展期：函授课程、直播课程和网络课程，并指出今后的发展趋势。该论文具有很浓的哲学韵味。

（6）An analysis of distance education development in Mali from 1960 to 1998（Sidibe，Toumani，1999，1968—1998 马里地区远程教育发展情况分析）：采用历史法和描述研究法对马里（非洲的内陆国家）地区的远程教育设计和实施进行了研究，发现其所研究的这些项目都是政府为了解决社会、经济和政治危机而发展起来的。

这些研究都着眼于理论研究的某一个点，通过从侧面采用历史法、文献法、元分析法、德尔斐法甚至哲学上的“知识考古学”等方法探讨了远程教育理论的有关问题。但还缺乏体系的整体感，尚需要“建立将包括这一整个教育领域的理论框架（基更，1993）”。

美国亚利桑那大学的玛丽娜·斯托克·麦萨克女士在其调研的文献中也提到，“有 35% 以上的文献都呼吁建立一个未来远程教育发展所要依据的核心的、理论的框架。众多期刊文章和会议论文也无不都提到这一问题”（McIsaac，M. S. & Gunawardena，C. N.，1996）。“许多研究问题的提出不是建立在一些基本概念和范畴上的。尽管归纳式的研究并不需要理论框架，但事后对研究结果进行理论探讨对其他此类研究甚至对实践工作者也是有帮助的。然而，有相当一部分研究者不论是在做自己的研究之前还是之后都很少查阅相关领域的理论文献。”（萨巴，2000）2004年11月澳大利亚著名的迪肯大学在其主办的“远程教育研究”会议（Research in Distance Education，RIDE，http://www.deakin.edu.au/education/ripvet/conferences/2004/RIDE/）上讨论的主要议题就是早期的远程教育研究和理论能否适应新出现的网络教育的挑战和要求。可见国外学者也感受到了远程教育学科理论体系建设的任务艰巨。

第二节　国内远程教育元研究概述

一、学科体系结构有待完善

中国也涌现不少有关远程教育的著作，比如《现代远距离教育概论》（孙华旭主编，1990）、《远程教育概论》（谢新观主编，2000）、《现代远程教育论》（李力著，2001）等，但体系不够全面，没有突出“学科”意味。不过，丁新主持翻译了国际知名远程教育专家德斯蒙德·基更的两本著作：《远距离教育基础》（1996）和《远距离教育理论原理》（1999）。这两本书学术性强，拓宽了国内研究者的国际视野，为研究中国的远程教育打下了坚实的理论基础。

丁兴富对远程教育学学科体系的梳理做了坚持不懈的努力，他先后出版了《远距离高等教育学导论》（1987）、《远程教育学》（2001）和《远程教育研究》（2003）三本著作。其在《远距离高等教育学导论》（1987）中第一次提出了远程高等教育学的定义，并认为“从主要的教学对象来说，远距离高等教育学同成人教育学也有某种程度的交叉关系。但是，我们不能把远距离高等教育学看成是高等教育学、远距离教育学、成人教育学的某种简单的混合。远程教育高等教育学有自己特定的研究对象和研究内容，有自己特有的基本原理和基本概念，有自成一体的学科体系”（丁兴富，1987)。《远程教育学》是我国第一本全面反映远程教育学学科体系的编著，丁兴富将“远程教育学”定义为“研究远程教育的规律、原理、方法和特点的学问，它的研究对象是远程教育”。该书主要包括三部分内容：远程教育学学科理论基础、远程教育的发展历史与展望及远程教育主要分支学科的基础理论。其后两本著作体系较为严谨，但所参考引用的文献资料大多是20世纪90年代中期以前的；学科体系结构的划分还有待验证。

在学科特色和独立性方面，在国外，基更早在1991年就将远程教育研究与成人教育和教育技术做过简要对比；在国内，目前的远程教育是从属于教育技术学二级学科的一个研究领域，但从学科的角度来看，二者各有渊源。在对远程教育和教育技术的区分上，丁兴富（1987)、孙福万（2000）都曾做过努力。笔者也曾在2001年做过类似研究，但远程教育学与高等教育学、成人教育学和教育技术学这三门学科之间还缺乏系统、综合的横向比较。

二、学科专业成为热点

将“远程教育研究”作为对象的研究从1996年开始兴起，但直到2004年，该研究的文章数量依然寥若晨星。其中有钟志贤的《远距离教育研究的起点》（1996）和《远距离教育研究的起点（续)》（1997)，丁兴富的《当代开放远距离教育发展和革新中的重大课题》（1997)，单从凯的《远程教育：理论的自检和自觉》（1999)，袁昱明的《远程教育研究的学科评价与构建》（2002），以及丁新的《中国远程教育发展的十大趋势》（2003）和《论远程教育专业学科的产生及构建》（2004）等。这些文章学术性强，代表性好，是具有“元研究”性质的好成果。

丁兴富1997年在《当代开放远距离教育发展和革新中的重大课题》一文中就提出“远程教育学科已经成熟”的论断。他的依据是7项基本标志：①远程教育专业学会和研究机构的普遍建立；②专业刊物和学术出版物的明显增长；③学术交流活动的活跃及其影响和成效扩大；④学科的理论基础基本形成；⑤学科体系得以建立和发展；⑥学科带头人和各种学派的形成；⑦大学开设相应的专业课程，招收培养本科、硕士、博士学生。

丁兴富还对学科体系的建立和发展进行了探讨。他说：“一种学科一旦确立，其本身又往往构成一个学科群，即由许多子学科组成的体系。远距离教育已经很明确地走到了这一步。比如它本身已有很多学科，共同构成学科体系。这些子学科大致包括：远距离教育经济学、远距离教育管理学、远距离教育的课程开发和设计、远距离教育技术和教学媒体、远距离教育评估和多媒体教材评估、远距离学生学习支持服务等。所有这些都有专著论述，都形成专门的研究领域。这些研究领域都已形成为相对独立的专门学科，都有很多人投入研究并进行理论创造。”这个论断继承了他在1987年《远距离高等教育学导论》一书中的观点，只是这次把“远距离高等教育学”换成了“远程教育学”。

我国学者在国外学科论争鸣15年之后，也遇到了同样的问题：远程教育是否一门学科以及如何建设。2004年之前（不含2004年），以“远程教育学”或“远程教育研究”为研究对象的论文凤毛麟角，通过中国期刊网笔者只能检索到10篇，作者分别是钟志贤（1996）、丁兴富（1997）、单从凯（1999）、王正东（2001）、袁昱明（2002）、丁新（2003）。2004年，国内远程教育界对远程教育学科自身的研究开始兴起，《中国远程教育》杂志为此策划了“远程教育学科建设”研究专题，邀请远程教育学者围绕中国远程教育学科、专业的产生和构建进行集中而深入地探讨，并连续登载了6篇文章，分别是丁兴富的《论加快远程教育学科专业建设》（2004年第10期）、袁昱明的《远程教育学的元研究和学科建设》(2004年第10期)、丁新的《论远程教育专业学科的产生及构建》(2004年第11期)、陈丽等人的《中国远程教育领域从业人员分类和能力需求的研究》(2004年第11期)、张伟远的《试论建立具有中国特色的远程教育专业》(2004年第11期）和张秀梅的《远程教育专业硕士课程计划国际比较》（2004年第11期)。仅2004年有关远程教育学科和研究的论文数量就接近前10年之和。2004年12月1日又举办了第四次“中国远程教育学术圆桌”会议，会议云集了国内远程教育界知名专家座谈“中外现代远程教育的理论与实践”，在国际视野中观照远程教育的本土进程（《中国远程教育》，2005年第1期)。

另外笔者自2004年3月发表《国际远程教育学科论争鸣与启示》一文以来，以《开放教育研究》杂志为基地对国外四位名家进行了人物专访，着重访谈了国外专家的“学科观”，得到了非常珍贵的第一手材料。

在这一系列研究中，丁兴富认为，“远程教育学自20世纪80年代末到90年代初开始成为独立的学科。……对远程教育理论研究和学科建设的考查则表明，远程教育无论从理论研究、还是从大学教学看，都已经开始成为一种独立的学科和专业。……积极推进远程教育的理论研究和学科建设，并在我国高等院校教育学科各相关专业（如教育技术专业、高等教育专业、成人教育专业）开设《远程教育学》主干课程和远程教育方向其他系列课程，进而设置独立的远程教育学位（学士、硕士和博士）

专业课程是急需的、适时的和可行的”。丁新认为远程教育学“已初步形成远程教育自己的基础理论体系框架”（2004）。袁昱明认为：“新生的远程教育学科的形成正进入关键时期，这是一个进行时：其外在形态‘拉动’内在形态发展，而内在形态的滞后成为许多专家学者强调的问题。因此总体上说，远程教育曾经历过潜学科、准学科、前学科的阶段，现在正在向学科化方向质变。”（2004）张伟远认为：“我国急需建立远程教育的专业，而且需要的是具有国际水平的又能符合我国国情的远程教育专业的课程。因此，远程教育的入职训练和岗位培训以及高级专业人才培养的任务，不能依赖国外课程的引入，而是要依靠我国的高校和专家来承担，同时吸引各国专家参与。”（2004）张秀梅认为：“我国远程教育专业建设需要解决的问题主要有远程教育理论体系的引进和构建，远程教育专业‘有’和‘无’的问题，学科知识体系的构建和相应教材的建设。”（2004）

这一系列研究提高了远程教育学术研究的水平及扩大了其社会影响力，为学科和专业发展初步指明了方向，同时表明我国远程教育“学科意识”正在觉醒。无怪乎，有位学者（苏辛）提到，“远程教育研究近年来大有成为教育研究‘显学’的趋势”。国内学者也希望“通过试点，实践探索与科学研究相辅相成，在借鉴与发展国外远程教育理论基础上建立起具有中国特色的远程教育理论体系，并与教育技术学重点学科的建设相结合，中国远程教育有望从教育技术学科中脱颖而出，成为一个与之并列的独立的二级学科”（丁新，2003）。

三、科研课题有待深入

目前中国远程教育的研究主体主要是中央广播电视大学（最早在1985年4月成立了远程教育研究所）、68所网络教育学院、香港公开大学的遥距与成人教育研究中心（CRIDAL）和普通高校的远程教育研究所和教育技术学专业。以上列举的许多研究成果大部分出自于这些阵地的科研课题。

就课题来讲，它是远程教育研究领域的载体，通过提供经费支持和方向指引，整合实践和研究两支队伍，对关系远程教育事业和学科发展的重大课题进行联合攻关。截至2005年初，在37个全国教育科学“十五”规划重点课题中，属于远程教育领域的仅有3个：“现代远程教育基础理论和实践模式的研究”（丁新主持），“中国特色远程教育学理论体系构建”（丁兴富主持），“远程教育方向专业人才能力结构研究和主干课程的开发”（2002—2005，陈丽主持）。这些课题研究都从不同侧面为学科建设和专业建设作出努力，也积累了不少成果，除了前面提到的丁新和丁兴富对远程教育研究的贡献，陈丽在远程教育专业人才培养和课程建设方面也有建树，较早就发表了有关文章，比如《远程教育专业人员能力结构及专业课程设置研究》（孙宝芝、陈丽，2002）和《中国远程教育专业人员能力模型研究》（李爽、陈丽，2004）。由于经费较少，许多课题没有切实深入地开展起来，研究成果非常匮乏。[注：2001—2010年试点十年间全国部级以上远程教育类课题的统计情况参见《试点十年远程教育类科研课题研究综述——基于对教育部规划立项课题的分析》（张秀梅、丁新，2010）一文。]

第三节 远程教育学科体系的构成

自1990年以来，国际远程教育取得了长足的进步。1993年美国学者米勒预言了远程教育的四个发展趋势：①技术同时呈现多样化和融合（实时交互媒体、计算机会议技术和数字技术）；②与学生的关系不断变化（学习社区、学生交互、群组和个人教学与激励)；③机构之间的关系不断变化（联盟、网络)；④教育调整（高等教育将调整远程教育以适应社会变革的潮流）(Miller, G. , 1993)。现在看来这些趋势一一成为现实，远程教育蓬勃发展的实践呼吁理论的与时俱进。

挪威的远程教育专家厄林·劳萨（Erling Ljosa）说：“通过研究掌握的知识永远不会是完整的知识。观点上是局部的，抽象概念化（conceptualization）是主观的，其普遍性也是不完全的。但是，完整性的缺失可以通过大量事实案例来弥补，这就是为什么在我们理解现实的时候系统研究是这样一种强有力的工具。”(1993）本书正是这样一种着眼于学科整体框架和内容的理论探讨。

从横向来看，许多成熟的或正在走向成熟的教育与社会学科都在探讨自身的学科体系和理论体系建设的问题。在中国期刊网数据库中检索“1994—2005 教育与社会科学辑专栏目录”，篇名含有“学科体系”的文章共有 107 篇，含有“理论体系”的文章共有 122 篇（于 2005 年 2 月 23 日检索)，文章内容主要集中在教育学、人类学、社会学、教育社会学、高等教育学等学科。就连远程教育学的近亲——教育技术学也从 2003 年开始把学科体系和逻辑起点作为一个正式的课题进行研究。

如何让远程教育学科成熟起来？这重任自然落到了学科体系的建设上。

从国内情况来看，对远程教育学学科体系的探索最有贡献的学者是丁兴富。但学科体系研究是一个庞大的、持续的工程，当前研究还有待完善。比如涉及学科结构要素体系时，对所演绎的学科结构的效度缺乏验证；没有深入挖掘实践发展和研究发展深度互动促进的历史；对远程教育学科独特性的凸显不足；把学科体系和专业课程体系两个问题结合研究的也不多见。所以，虽然学术界对学科的关注程度有所增加，但系统研究和比较研究还很不足；在具体学科领域里缺少创新性的成果，对国际同领域研究成果的关注和借鉴也不够。

从国外情况来看，基更在1991年指出远程教育研究的发展经历了四个阶段：第一阶段是名称/称谓的研究，在1978年左右；第二阶段是定义阶段，即怎样界定远程教育，大致在20世纪80年代早期，基更对此做了综合性的描述性定义并获得了广泛认可；第三阶段是领域本质属性的研究，即探讨远程教育是一门学科还是一个研究领域；第四阶段是研究领域的焦点问题，主要研究由于距离的存在而使用远距离媒体传播的形式（而非面授）开展远程教育所面临的各种问题，这些问题都呼吁远程教育要作为一个独特的学术领域从教育领域中独立出来。目前，国际远程教育研究的第一阶段和第二阶段已经完成，对于是不是一门学科以及成熟与否等认识论问题要靠第四阶段各领域的研究成果来支撑，学科认识论问题和学科体系建设是相辅相成、交替上升的。当前的任务主要是第四阶段，对远程教育实践发展中所蕴藏的规律进行挖掘，以此建构和丰富学科体系才是关键。

那么，什么是学科体系？**它是指一个学科的内部框架结构，它体现一个学科内部各个组成部分之间的相互关系，以及凭借这些关系建构而成的有别于其他学科体系的总体标志。一个完整的学科体系不仅要列示出有关的构成内容，而且还要阐明各构成部分之间的内在关系。它是由学科理论体系、学科研究领域和学科课程体系构成的体系。**

学科体系要研究什么？潘懋元认为，高等教育学可能有三种相互联系的不同体系，即理论体系、知识体系（经验体系或工作体系）和课程体系（教材体系）。

其中，学科的理论体系是指该门学科的概念和联结这些概念的判断，通过推理、论证，形成一个层次分明、结构严密的逻辑系统，它的建立是一门学科成熟的标志（潘懋元，1993）。科学的理论体系是“在经验体系的基础上经过理性思维对经验知识进行加工而得到的，是从客体的内在联系和运动规律性方面反映客体的内在逻辑关系的概念体系”。概括起来具有 3 个特征：①理论体系注重揭示客体内在联系和深层次的运动规律；②理论体系是一种用以说明事物本质特征的抽象体系；③理论体系具有广泛的实际运用范围。

“知识体系”实际上对应的就是不同的实践子领域，也称经验体系。经验体系就是把生活过程中外部表现出来的东西，按照它的本样进行描述、分类并归入简单概括的规定中，所以从其形成来看，经验体系是实践的、直接的、直观的反映（安文铸，1995）。本书称之为“学科子体系或子领域”，它们是学科之树保持常青的直接来源。

“课程体系”则是传播学科知识的载体，通过它来培养从业人员的专门素质，来延续知识体系的研究。这三个体系共同构成学科体系，其间的关系笔者作图如下：

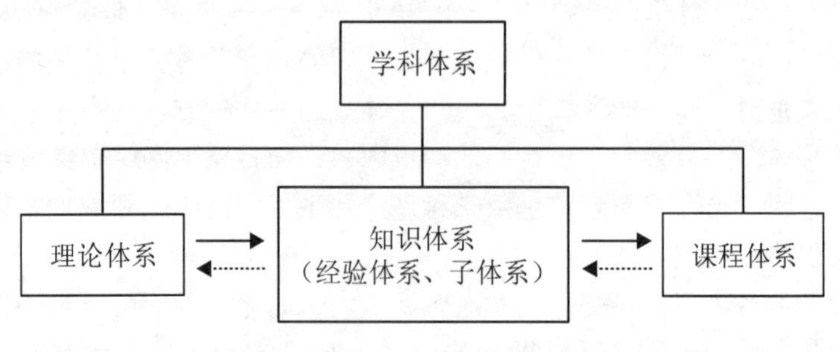

图 1.3.1　一般学科体系结构图

综合国内外文献可以看出，远程教育学科体系尚需进一步梳理、充实和完善。而本书的框架也按此图展开。

第二章　远程教育学科发展概况

第一节　国外远程教育学科发展概况

一、学术研究掠影：实践与研究并进

1833 年，瑞典的伦德大学在其周报 Lund Weckoblad 第 33 期上发布了一则“通过邮政媒介为男士和女士提供学习写作的机会”的广告（Holmberg, 1986）。1840 年，英国人伊萨克·彼特曼采用函件的方法来传递速记教程。民间出现的这些函授学习活动是近代远程教育的萌芽。随后的 50 年代到 60 年代伦敦大学首创的校外学位制度，剑桥大学、牛津大学倡导的大学推广运动揭开了大学开展高等函授教育的序幕。在 19 世纪末 20 世纪初，欧美国家出现了许多私立和公立的函授学校，许多传统大学也纷纷加入了这股潮流，成为西方高等函授教育的历史渊源。美国于 1926 年成立了“全国家庭学习理事会”（the National Home Study Council），1938 年“国际函授教育理事会”（the International Council for Correspondence Education，ICCE，1982 年更名为 ICDE）成立。这些组织为当时的远程教育工作者提供了一个交流经验的平台。远程教育研究与实践开始相互促进，共生发展。

在国外，远程教育研究作为一个事实存在自 20 世纪 60 年代就已经产生了。对远程教育进行正式的、系统的、有组织的研究

是从德国图宾根小组开始的。该小组成立于20世纪60年代，为远程教育作为一个研究领域奠定了坚实的基础。德国图宾根小组的研究开启了远程教育正规化研究的序幕。此后，远程教育从业人员开始反思自己的实践客体，梳理远程教育的发展历史，总结实践经验，形成了既有地域特色、际代特色又具有远程教育一般性规律的理论原理。

1969年，时任ICCE主席的蔡尔德（G. B. Childs）在第八届会议上宣读了他对国际远程教育研究情况进行调研的结果，他的介绍是会上唯一与研究有关的发言。对远程教育的研究于20世纪70年代开始兴盛。

英国开放大学是远程教育研究成长和发展的最大灵感发源地。它的成立将远程教育带进了新纪元，随后许多发展中国家将远程教育战略列入国策，相继建立了自己的开放大学。而这次历史转折点的发生与一个远程教育先驱研究者是分不开的，他就是美国威斯康星—麦迪逊大学的查尔斯·魏德迈。他曾是威斯康星—麦迪逊大学校外独立教学处（Extension's Independent Study Division）主任，远程教育历史上著名的AIM（Articulated Integrated Media）项目就是他于20世纪60年代成立并开展的。AIM项目是在第二代远程教育背景下探索运用多种媒体手段（包括印刷材料、函授指导、广播、电视、录音带、远程视频会议系统等）提供远程教育（Moore & Kearsley），这个项目的经验对英国开放大学的酝酿和成立有着直接的推进作用。这在魏德迈的《对英国开放大学创立之贡献》（Contribution to the Establishment of the British Open University）一书中有详细的描述。可以说，魏德迈是把以函授学习为代表的第一代远程教育带入了以广播电视媒体和函授学习综合运用的第二代远程教育的舵手。

远程教育研究孕育了英国开放大学，而英国开放大学反过来又培育了诸多远程教育研究学者。翻开远程教育学术研究名家巨匠的人物档案，我们可以发现，许多举足轻重的名家都与英国开放大学有千丝万缕的联系，比如约翰·丹尼尔、迈克尔·穆尔、格伦威尔·鲁姆伯尔、托尼·贝茨、艾伦·泰特等。英国开放大学造就了这些研究者，而这些研究者和实践者也成就了英国开放大学，难怪丹尼尔会说："研究是英国开放大学成功的四个重要因素之一。"

在远程教育实践蓬勃发展的同时，远程教育研究者对所从事领域的认识和界定也越来越清晰。从国际远程教育学术研究的进程来看，基更（1980）的定义和随后霍姆伯格（1989）对研究领域的界定是具有里程碑意义的。"远程教育各领域研究取得了丰硕的成果是基于对这个领域定义的认可"（Keegan，1991）。远程教育已经成为一个独立的专门研究领域。

第二代远程教育将20世纪80年代的国外远程教育研究带入了繁荣时期，这期间也催生了诸多严谨的基础理论，发生了较大的学术争鸣（比如学科论争鸣、教学工业化理论争鸣、单一与双重模式大学的优势争鸣），确立了远程教育学科的独立地位，研究领域不断拓宽和加深，处在向纵深方向发展的转折点上。1988年在挪威奥斯陆召开的ICDE大会的主题就是远程教育研究，大会有40篇论文是探讨远程教育研究的，体现了对远程教育研究之研究的反省意识。此外，正规化的远程教育专门人才培养也开始起步，比如德国哈根远程大学、英国开放大学、南澳大利亚的高等教育学院（South Australian College of Advanced Education，SACAE）、美国宾夕法尼亚大学等都在这个时期开设了远程教育的专门课程计划；专业学术期刊陆续创办起来，比如《美国远程教育杂志》（1987）、《开放学习》（1986）等。

从20世纪90年代中期开始，第三代远程教育的兴起又将国外远程教育研究推向了一个新高潮。半个多世纪以来，远程教育在实践和研究的双重推动下，伴随着技术的革新，经历了多次跨越式的发展。

综上所述，远程教育实践发展的历史也是人们对远程教育的认识逐步深化的历史。我们可以将国外远程教育学科发展的历程划分为四个历史时期：前学科时期（又称萌芽期，19 世纪 40 年代至 20 世纪 60 年代初），学科独立期（又称独立期，20 世纪 60 年代初至 80 年代末），学科转型期（80 年代末至 90 年代中期），学科发展期（90 年代中后期至今）。但远程教育学科的发展尚未步入成熟期。后三个时期明显分别对应着加拿大教育技术和远程教育专家兰迪·加里森所划分的三代远程教育，即以邮政通信、多种媒体技术、广播电视为基础的第一代远程教育，以双向通信技术为主要技术特征的第二代远程教育和基于计算机和网络技术的第三代远程教育，这种划分方法体现了历史和逻辑的统一。

二、学科外部特征：学科已经建制

学科外部特征是相对于内部属性而言的，外部特征的参考点包括学术联盟、大学专业开设、期刊论著、领袖人物等方面。国外远程教育学术研究已经拥有自己的学术共同体和研究阵地，这主要体现在四个区域知识中心的形成、学术联盟、专业期刊等方面。

1. 四个区域知识中心

根据远程教育新知识产生的主要来源地，笔者将国际远程教育研究按照区域划分为四个区域知识中心。①中北欧：DIFF——德国图宾根大学的“德国远程教育发展所”；ZIFF——德国哈根远程大学的远程教育研究所；Carl von Ossietzky University of Oldenburg 大学的远程教育中心；挪威的 NKI 远程教育研发中心。②英国：英国开放大学的教育技术研究所（IET）和知识媒体研究室（KMI）。③北美：美国的宾夕法尼亚州立大学的美国远程教育研究中心（ACSDE）；马里兰大学学院的远程教育部；其他普通高校的远程教育中心；加拿大的阿萨巴斯卡大学。

④澳大利亚：迪肯大学的远程教育研究所（DEI）；南昆士兰大学的远程教育中心（DEC）。

2. 学术联盟

国际上远程教育界比较活跃的几个学术性组织是：ICDE——国际开放与远程教育协会（1938 年成立，1982 年更名，90 年代初，International Council of Distance Education 将名称改为 International Council of Open and Distance Education，但仍保留使用其原来的缩写 ICDE）；AAOU——亚洲开放大学协会；EDEN——欧洲远程与电子教育网络联盟；EADTU——欧洲远程教育大学联合会（1987）；COL——英联邦学习共同体（1988）；USDLA——美国远程教育协会；ODLAA——澳大利亚开放与远程教育协会；ABED——巴西远程教育协会；CADE——加拿大远程教育协会；ADEC——美国远程教育联盟。

3. 期刊论著

国外远程教育领域大量的专著和编著是目前国内学术界所望尘莫及的。综合各时期的著作，前东德的学者琼斯·理查德于 1959 年出版的《写、教和学》及瑞典的霍姆伯格于 1960 年出版的《函授中的教学方法》这两本著作被认为是最早的、部分地探讨了远程教育理论的著作。目前国际上能够全面反映远程教育理论与实践的著作除了基更的《远距离教育基础》之外，影响较大的还有：西沃特、基更和霍姆伯格编著的《远程教育国际展望》（Distance Education：International Perspectives）（1983 年第一版，1988 年第二版）；霍姆伯格撰写的《远程教育学科的增长与结构》（Growth and Structure of Distance Education）（1987）；基思·哈里（Keith Harry）和基更等人编著的《远程教育：新的展望》（Distance Education：New Perspectives）（1993 年第一版）；穆尔编著的《远程教育：系统论》（Distance Education：A System View）（1996）；基更著的《远距离教育基础》（Foundations of

Distance Education）（1996）；穆尔组织编写的《远程教育手册》（Handbook of Distance Education）（2003）；等等。

国际上在远程教育界有影响的四大杂志是：Open Learning①；Distance Education②；Journal of Distance Education③；America Journal of Distance Education④。一些大学和远程教育机构自己创办的远程教育类通讯和杂志也很有影响力：如德国哈根远距离大学远程教育研究所的ZIFF Paper，美国的马里兰州大学学院远程教育中心的Newsletter，宾夕法尼亚州立大学ACSDE创办的DEOSNEWS（Distance Education Online Symposium，主编是Melody M. Thompson），西佐治亚州立大学远程教育中心的Journal of Distance Learning Administration（1998，JDLA），美国圣地亚哥大学（San Diego State University）的法哈德·萨巴（Fred Saba）创办的网站distance－educator. com，加拿大阿萨巴斯卡大学远程教育中心（CDE）的International Review of Research in Open and Distance Learning⑤。

4. **繁荣的专业**

从20世纪80年代开始，一些发达国家的高等院校就陆续开设了覆盖短期证书培训（半年到一年）、专科、本科、硕士和博士等几个层次的远程教育专业，开展了培养专门人才的教学工作。

开设远程教育专业的代表院校有：英国开放大学教育技术研

---

① 1974年由英国开放大学创办，起初是Teaching at a Distance，1986年更名为Open Learning。之前是阿兰·泰特主编，后由鲁姆伯尔在1998年接任至2001年，后来是特里·安德森任主编。

② 1980年由澳大利亚南太平洋校外学习协会（ASPESA）创办。

③ 1986年由加拿大远程教育协会（CADE）创办。

④ 1987年由宾夕法尼亚州立大学创办。

⑤ 1989年由加拿大阿萨巴斯卡大学创办，当时的Eugene Rubin是主编，杂志名称是Research in Distance Education，2000年更名，现任主编是Terry Anderson。

究所、伦敦大学校外学位部、美国威斯康星大学、美国的马里兰大学学院、美国印第安纳大学继续学习学院、美国的新东南大学、美国峡谷学院、澳大利亚南昆士兰大学、澳大利亚迪肯大学、加拿大阿萨巴斯卡大学远程教育中心等等。这些学校的硕士课程体系基本包括远程教育研究方法、远程教育基础理论、成人教育理论、教学设计、媒体开发与技术应用、远程教育管理学和经济学、远程教育教学法等（张秀梅，2004）。

5. 学术领袖

在20世纪60年代初到80年代末这30年间，涌现了许多研究学者，很多同时也是实践家，比如曼弗雷德·德林（R. Manfred Delling）、奥托·彼得斯（Otto Peters）、查尔斯·魏德迈（Charles Wedemeyer）、鲍耶尔·霍姆伯格（Borje Holmberg）、迈克尔·穆尔（Michael Moore）、德斯蒙德·基更（Desmond Keegan）、希拉里·佩雷顿（Hilary Perraton）、托尼·贝茨（Tony Bates）、戴维·西沃特（David Sewart）、格伦威尔·鲁姆伯尔（Greville Rumble）等。这些学者为远程教育的学术研究作出了开创性的和奠基性的贡献，奠定了坚实的理论基础。

此外，自20世纪90年代初以来，国际远程教育界涌现了新一代学术领袖，比如法哈德·萨巴（Fred Saba），阿兰·泰特（Alan Tait），詹姆斯·泰勒（James Taylor），尤金·鲁宾（Eugene Rubin），特里·安德森（Terry Anderson），托马斯·赫尔斯曼（Thomas Huelsmann），夏洛特·古娜瓦德娜（Charlotte Gunawardena）等人。他们对远程教育研究的贡献在后面第五章将会提到。

"学科建制强调的主要是学科的社会建制，主要强调组织机构、行政编制等物质性层面的东西。费孝通先生认为，一门学科的社会建制大体上应包括5个部分：一是学会，二是专业研究机构，三是各大学的学系，四是图书资料中心，五是学科的专门出版机构。"（王建华，2003）综上所述，国外远程教育学科已经建立，学科发展速度开始加快。

三、三次学术争鸣：直指领域内核

事物总是不断变化发展的，在任何时期人们对事物发展的状态和趋势都会有各不相同、甚至大相径庭的看法，这在学术领域中就表现为学术争鸣，是学科或前学科（尚未形成一门学科之前的状态）学术繁荣的体现。全面总结和探讨历史争鸣中的问题有助于我们把握本领域历史发展的脉络。20 世纪 80 年代国外远程教育学术界就出现了这种繁荣的学术争鸣景象，那种醇厚的学术气息恰恰是目前国内远程教育学科发展所需要的一种学风。笔者总结了这当中三次比较大的学术争鸣，它们或关乎远程教育学科的发展，或关乎远程教育组织的变革，或关乎人们对远程教育形态的理解，总能给我们带来一些启迪和思考。第一次争鸣就是学科论争鸣，打响第一炮的是基更 1980 年在《远程教育》杂志第一期上发表的文章（Ian Mugridge，1989），同期还有鲁姆伯尔的参与。一般来讲，概念问题是从属于学科这个大问题的，它是一门学科独立的前奏。对于远程教育能否作为一门学科来建设，在国外早在 20 世纪 80 年代末就有探讨和争论。当时赞成派以鲍耶尔·霍姆伯格为代表，反对派以格伦威尔·鲁姆伯尔和劳伦斯·德夫林为代表，对此加拿大的《远程教育杂志》（Journal of Distance Education）在 1989 年特别主持了专题讨论，连续刊载了 5 篇文章。霍姆伯格（1986，1989，1995）认为远程教育研究已经建设成了一门独特的学科，有着普遍认可的理论基础和研究方法，并且在大学中开设专业。另外一些研究者反对霍姆伯格把远程教育看做一门学科的论点，并怀疑远程教育从其他教育研究领域中分离出来对其自身是否会有好处（Shale，1988；Devlin，1989；Garrison，1989）。（各派的代表性文章和主要观点笔者已整理列表，可参见第三章。）

第二次学术争鸣是关于哪种模式的远程院校更具竞争优势。从20世纪80年代开始就有人探讨DTU和DMU谁更具有竞争优势。鲁姆伯尔在1982年和基更共同撰文“DTU的竞争优势”（“The Competitive Advantages of Distance Teaching Universities”）。事物是不断发展的，10年之后（1992年），该说法却倒过来了（Rumble，G.，1992），鲁姆伯尔认为DMU比DTU更具有优势。然而我们并不能简单地说鲁姆伯尔的研究是前后矛盾的，考察历史和社会背景能使我们的评价更为客观。90年代信息技术的应用催生了新的远程教育形式——虚拟大学，从而改变了远程教育的整个格局，所以鲁姆伯尔在这种新的形式下作出新的推断是合乎人们的认识规律的。认同鲁姆伯尔后来观点（DMU比DTU更具有优势）的还有托尼·贝茨等人。约翰·丹尼尔则持相反意见，他并没有直接指出谁更有优势，而是间接地列举很多事实来说明DTU在部分国家教育领域中取得的成就。此外，伊恩·马德里奇也有不同的看法（Ian Mugridge，1989）。各派列举的论据见表2.1.1。但不论是哪种模式的大学，在高等教育国际化的大背景下，开展区域性合作和国际性合作已成为共识。

表2.1.1 单一模式和双重模式远距离大学优劣势比较

	单一模式大学（DTUs）	双重模式大学（DMUs）
优势	集中式管理	多种学习方式可供学习者选择
	集中各类教师资源	提供课程/专业的种类和层次丰富
	提供各门各类各层次水平的远程教育	校内、校外学生所听的是同样的讲座，校外学生比单一模式的学生受益更多
弱势	课程门类和层次都有限	容易出现课堂搬家式的低质量学习材料
	要维持供养全职的教师	难以承担巨大的启动资金
出路	共同走联合之路，优势互补	

第三个争鸣是关于远程教学是不是一种工业化形式。提到远程教育的理论基础，人们自然不会忘记著名的远程教育工业化理论。该理论的创始人奥托·彼得斯（Otto Peters）在1967年第一次比较了远程教育与工业化生产过程，指出了远程教育所具有的14个工业化特征。当时彼得斯非常谦虚地称自己的研究只不过是一个"比较分析"，他的观点从提出来就一直争论不断，从他本人在1989年回应的一篇文章中我们可以找到诸多批评者的名字。我们对彼得斯提出的14个工业化特征已不再陌生，而他面对众多批评者所作出的精彩回答和解释却鲜为人知。奥托·彼得斯在1967年撰文《远程教育和工业生产：特征比较分析》(Distance Education and Industrial Production：A Comparative Interpretation in Outline)，当时彼得斯只想做个比较。他从第一条铁路和第一所函授学校同时诞生是工业化革命的必然结果而不是巧合开始谈起，一直到列举工业生产的14个特征并把远程教育与之进行比较，给了远程教育不同于传统教育的独特性。1973年彼得斯推出力作《远程教育的教育原理：对一种工业化教与学形式的研究》。

1989年彼得斯从德国远距离大学退休后，专门撰文《冰山尚未融化——对工业化和远程教学概念的进一步思考》来回应一些人的非议，消除人们思想上的一些误解。比如有人说彼得斯是"一个不折不扣的远程教育工业化鼓吹者"，是"教育技术崇拜者"；他的教学工业化理论在70年代开放大学兴起的背景下很是盛行，到80年代就不再适用了；教学工业化的概念只能代表单一模式的远距离大学，对双重模式大学和对于那些只由两三个人来运作的函授学校来说并不适用；远程教育只是一种教学方法，与传统学习形式没有结构性的区别，也就是说，它不是一种工业化形态而只是一种手段；工业化特征只存在于教学材料的收集、制作、存储和分发这一领域，而其本质特征更多的是传统学术领域所具备的特征；远程教育课程材料制作发送可以工业化，但辅导老师和咨询老师提供支持服务的协调功能却不能被工业化；远程教育的工业化缺少人性因素、直接的人际交往和亲密的人际关系。所有这些误解都被彼得斯比喻为海面下隐藏的冰山，寓意某些人对他的理论有着非常顽固而难以消融的误解。

对此，彼得斯一一作了精彩的回答。他说："我在 70 年代带着浓厚的兴趣研究过教育技术当时的兴起，这是我工作的一部分。当然，我也描述了它在教育工业化过程中扮演的重要角色。但是，我从来都不是教育技术提倡者。相反，我还专门用一章来描述远程学习技术模式的危险，过分强调技术设备，学习目标不可避免的缩减，学习过程的割裂和片断化以及以'批判理性'为代价的技术理性的主宰地位。这些都是我书中隐藏冰山的一部分。""其实工业化特征无所不在，管理、教学、研究、教学材料的制作和分发环节都有体现。"辅导老师和咨询老师提供支持服务的协调功能通过计算机通信等技术也可以实现工业化。远程教学与传统学习形式有结构性的不同。已经列举比较的 14 个特征充分说明了这一点。如果预制材料准备得好，工业化水平程度高，师生之间的交互就能达到较高水平，远程学习和传统学习的界限就会越来越模糊。远程教育在失去某些宝贵的传统要素的同时，也得到了传统教育所没有的要素，比如提供了更多的受教育机会。生产过程的工业化要经历许多阶段，从简单的手工劳动开始到复杂的自动化企业。所以上面说的小型函授学校和双重模式大学都算做一种工业化形式。彼得斯最后说："冰山是否会变小直至消失还是会继续存在？这种比较性的阐释在这么多年后是否过时了？此番解释和回答既充满了希望又会引起争议，但这至少说明我的关于远程教育是一种工业化的教学形式的概念还活着，而这却是令我惊讶的。""为了不招致过于尖锐的批评，我仅仅把我的这个研究称作一个'类比'，只是想启发更多的思考。今天，30 年后，随着我对远程教育的更多理解，我可以很自信地说，远程教育的教与学不仅类似于工业生产过程，而且它本身就是工业生产过程!”

后来 Mick Campion 在 1992 年提出了“新福特主义”（neo-fordism）和“后福特主义”（post-fordism）概念。之后远程教育领域的两大著名学术杂志《开放学习》（Open Learning）和《远程教育》（Distance Education，1995）对此都有讨论。在《开放学习》上有鲁姆伯尔的 3 篇文章，而《远程教育》1995 年第二期刊载的 6 篇文章都是关于新福特主义和后福特主义的探讨。1999 年彼得斯也出版了《远距离学与教：国际视野中的分析与阐释》来分析工业社会过渡为后工业社会产生的深远影响以及远程教育在后工业社会中应具有的新特征和应对策略。这些都充分说明了远程教育工业化理论具有顽强的生命力，并在后工业社会到来时以“新福特主义”和“后福特主义”的新特征延续下来，是远程教育真正区别于传统教育之根本所在。

经过了这么多年的批评和责难的洗礼之后，教学工业化理论对远程教育实践仍具有极强的解释力。最宝贵的是彼得斯对自己理论所持的态度，是辨证的、历史的、发展的。他没有一味地信奉工业化，而是指出了工业化可能带来的劳动力异化，过分强调技术的机械化等种种弊端；他没有驻足不前，而是不断发展自己的理论，特别是在社会形态变迁的历史大背景下（从工业化社会向后工业化社会过渡），重新审视了自己理论的有效性，考察了远程教育提供机构所呈现的新特征，这对学术界颇有启发。

笔者选取的三次学术争鸣，规模较大，论战激烈，学术性高，分别指向远程教育的学科属性、实践本体和领域特质等关键内核。这些争鸣为此后的远程教育研究奠定了重要的认识论基础，学术研究从此发生了质的变化，朝着规范学科方向发展。

四、文献内容分析：学科自检意识较强

（一）从 PQDD 看学术研究总量情况

通过搜索各类数据库，我们可以发现远程教育类文章数量越来越多。ERIC PlusText 标题中含有“distance education”的共1868篇（截至2003年11月）。通过对 PQDD① 进行检索，笔者发现高水平的学术研究成果在不断增加，在数据库中检索到，在1981—2004年8月期间题目含有“distance education”的文章有532篇，含有“distance learning ”的242篇（1978—2004.8），共771篇（两个词组同时出现的3篇，其中2003年1篇）。博士学位论文共623篇，其中哲学博士论文389篇，教育学博士论文234篇，其余是硕士学位论文。

1991—2003年间欧美博硕士论文总数逐年变化情况如图2.1.1所示。从中我们可以看出远程教育类的博硕士论文总体趋势呈波浪式上升趋势，符合人们认识客观事物的规律，表示人们对远程教育的关注和认识逐步增加。

---

① Proquest Digital Dissertations，欧美博硕士论文库，是美国 UMI 公司出版的博硕士论文数据库。

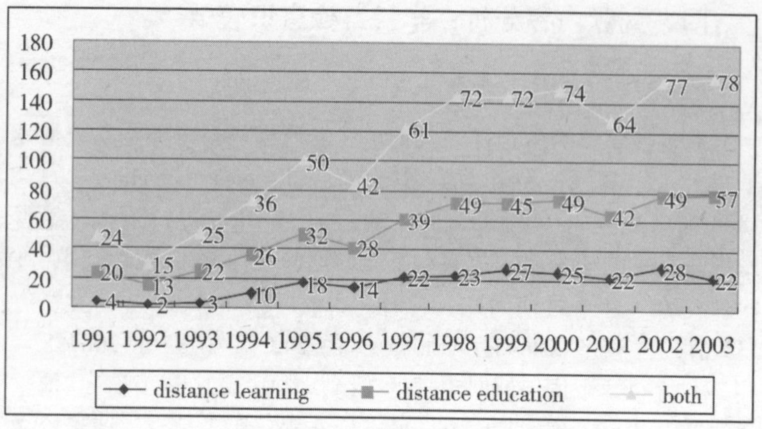

图 2.1.1　1991—2003 年间 PQDD 含"distance learning"和"distance education"的博硕士论文篇数统计

（二）国外已有的文献内容分析结果

内容分析法是学科元研究经常采用的一种研究方法。它对单个样本作技术性处理，将其内容分解为若干分析单元，评判单元内所表现的事实，并作出定量的统计描述（李克东，2003）。内容分析是反映学科或研究领域发展的一面镜子，能够提供合理的学术指引和建议。

对文献进行内容分析一般都是围绕几个预设的问题，比如：哪些话题是研究关注的焦点？哪些领域特别需要着力研究？比较普遍采用的研究方法是哪几种？作者来源怎样（包括学科背景、代表机构）？谁的研究探索对领域的发展起了主要作用？这项文献研究对远程教育将来的研究有何意义？对杂志的文章做内容分析可以有多种目的，一个重要目的就是指出研究趋势，为研究者指出未来研究方向以及说明哪些领域已经饱和。

在国外远程教育界，比较有影响的几个文献内容分析文章如下表2.1.2所示：

表2.1.2 国外代表性的内容分析文章

题 目	作 者	期 刊
Looking in the Mirror: The Development Concept of Distance Education and the Journal of Distance Education	J. Sturrock & D. C. Howard (1989)	ICDE Bulletin 21: pp54 – 59.
Ten Years of "Distance Education": Analysis of the Australian Journal *Distance Education* (*DE*) (1979—1989)	Bruce Scriven (1991)	Distance Education, 12 (1), pp137 – 145
Trends in Research and Practice: An Examination of The American Journal of Distance Education 1987 to 1995	Margaret Koble & Ellen L. Bunker (1997)	The American Journal of Distance Education, 11 (2), pp19 – 38
Review of Research in Distance Education, 1990—1999	Zane L. Berge & Susan Mrozowski (2001)	The American Journal of Distance Education, 15, pp1 – 15.
A Content Analysis of the Journal of Distance Education 1986—2001	Liam Rourke & Michael Szabo (2002)	Journal of Distance Education, 17 (1)
The Past, Present, and Future of Research in Distance Education: Results of a Content Analysis	Youngmin Lee, Marcy P. Driscoll, and David W. Nelson (2004)	The American Journal of Distance Education, 18 (4), pp225 – 241

（1）在《〈远程教育〉的十年》一文中，布鲁斯·斯克里

文对《远程教育》20 年间发表的论文进行了内容分析。该杂志自 1980 年创刊，到 1989 年已有 10 年，共发行了 20 期，见证了远程教育的发展和繁荣。杂志分为 4 个板块，包括论文、报告（对会议及其他远程教育活动的报道，特别是对一些典型规范的远程教育机构运作经验的介绍）和调研、书评和回顾，篇数各为 109，79，71，21，每期至少包括其中 3 个板块。作者把总共 109 篇的论文按照以下几个主题归类：学生及其特征（其中一个主要议题是学生的退学问题）；个别课程和专业教学；电信与媒体；个别国家的实践；理论；课程设计和开发；经济学与管理；咨询与学生服务；辅导教师、教职工培训，教职工参与；没有归类的（unclassified）。文章附录了每一归类下的所有文章列表。布鲁斯·斯克里文认为，在“理论”这个主题中，影响较大的是斯巴克斯的“远程教育学科创建问题”一文（Sparkes, J. J., 1983）。在这篇文章中，斯巴克斯探讨了远程教育作为一门学科的功能和特征，并指出只要远程教育达到某些标准，就将能够成为一门学科。

（2）在“Trends in Research and Practice: An Examination of The American Journal of Distance Education 1987 to 1995”一文中，Margaret Koble 和 Ellen L. Bunker 对《美国远程教育杂志》自 1987 年创刊 9 年以来所发表的 129 篇研究论文做了细致全面的分析。论文归类以 ICDL 的分类为基础，分为 7 类，占最大比例的是理论、政策和发展（25.6%）；其次是媒体和传输系统（有效性/评估/教学法）（20.9%）；再次是机构、教师和管理（15.5%）；学生心理学、动机和特征是 14.7%；教师参与和教学过程是 10.9%；课程设计和课程开发是 10.1%。作者发现远程教育研究呈现以下趋势：重心从函授学习向通信技术和交互上转移；教学对象从最初的“以成人高等继续教育为主”扩大到中等教育，从数量上看关于教师的文章增多，但关于学生管理和支持服务问题的文章还是很少。Koble 在这里虽然没有界定什么样的文章可以称为“研究论文”，但可以看出是那些遵照严格的研究方法（质的、量的、文献综述以及质的与量的方法相结合）最后得出一定结论的文章。它和理论性/概念性的文章是相对的（即不是研究性的论文），后者只需要演绎抽象，不需实证，多是描述性的，且探讨的主题多是有关理论和概念性的讨论，包括课程教学描述，设计与教学、政策和管理以及历史研究。这类文章的数量超过了“研究/学术论文”的数量（129 篇）。作者还发现，论文作者多数来自高等教育领域。从论文作者的专业背景来看，22.9% 的第一作者称自己的学科领域是远程/继续、校外教育。41.9% 的作者是来自大学教育学院的教师，分属于不同的方向领域，包括教育技术、成人/职业教育、教学/课程/教师发展、特殊教育、教育心理学和教育管理学。近 70% 的作者来自美国，20% 的作者来自加拿大。这反映了杂志的宗旨：促进北美远程教育的交流与发展。

根据文献统计和分析结果，Koble 总结了这个阶段远程教育呈现的趋向：①自 1990 年以来，关于技术的文章开始增加；②从早期对以成人为主要对象的远程教育传输到开始涉及为中学生提供远程教育服务；③探讨教师角色的文章增多，但是有关学生管理和支持服务的文章太少。时髦流行的“教育术语”，特别是远程教育领域流行的术语是影响审稿人评审文章的重要依据。比如，自从穆尔 1989 年在《美国远程教育杂志》卷首语中区分远程教育中的“三类交互作用”之后，对这个概念的讨论比以往更为频繁。在 1996 年的一次研讨会上，格塞林（Kearsley）称“交互”这个概念是“当代远程教育中最重要的教学要素”。Koble 还提及斯托克和霍华德的内容分析研究，“（Sturrock and Howard，1989）调研了 JDE 的 33 篇文章以来确定远程教育工作者所关注的问题。文章按照 8 个主题进行了分类，近一半（16

篇）论文归到了两个大类中：10 篇归入‘电子通讯技术’，6 篇归入‘远程教育课程和学习材料的评价’，3 篇归入‘远程教育—自我界定’（distance education—self definition），作者认为该主题将作为一个更新的研究领域发展起来”。作者还提到，Calvert，J. 对 1990—1993 四年期间四大杂志之间的学术交流和交叉引用（cross-citation）情况做了调研，发现论文作者倾向于引用本期刊以往的文献，且远程教育在不同国家有不同的表述和理解（Calvert，J.，1995）。另外，宾夕法尼亚州立大学的 Bunker，Ellen L. 擅长内容分析，通过梳理文献（比如 ICDE 论文集，AJDE 杂志等）发现研究主题分布规律和走向，这在其博士论文“An Historical Analysis of a Distance Education Forum：The International Council for Distance Education World Conference Proceedings，1938 to 1995”（Bunker，Ellen L.，1998，《对一个远程教育学术论坛的历史分析：1938—1995 年间国际远程教育理事会国际会议论文集的内容分析》）中有很好的体现。

（3）在“Review of Research in Distance Education，1990—1999”一文中，Zane L. Berge 对 1990—1999 十年间的《美国远程教育杂志》等四大杂志①和“国际博士论文摘要”（Dissertation Abstracts International）（检索关键词为“distance education”和“distance learning”的论文）做了文献内容分析（五大检索源的总量为 1419 篇，但属于研究性的只有 890 篇，比率为 62.7%）。Berge 借用了 Sherry 1996 年的议题分类标准和 Phipps 与 Merisotis 1999 年的研究方法分类。Sherry 把该领域最主要的研究议题归为四大类：学习者特征和需要，媒体对教学过程的影响，入学机会问题，教师、教学点辅导老师以及学生的角色。从这四大类研究

① “四大杂志”是指国际上创办较早影响力较大的《美国远程教育杂志》、澳大利亚的《远程教育》、加拿大的《远程教育杂志》、英国的《开放学习》。

议题当中，Sherry 构建了 10 个研究议题：重新界定参与者（包括教师、教学点辅导老师以及学生）的角色，媒体选择和采用，设计问题，提高交互性促进积极学习的策略，学习者特征，学习者支持服务，运营（operational）问题，政策和管理问题（在作者的解释当中看不出运营与政策和管理这两者的明显区别），公平与机会，成本效益权衡。而 Phipps 和 Merisotis 把研究方法分为：描述性研究、个案研究、相关性研究和实验研究（各方法的具体解释为：描述性研究是指那些通过观察、问卷、量表和访谈收集数据的研究；个案研究是指对一个“单元”或多个“单元”做细致的调研；相关性研究是指收集数据来断定两个或多个变量之间是否存在一定的关系；实验研究是对因果关系的假设进行验证，同时要有对照组和实验组）。该文内容分析维度包括：研究内容所属领域（沿用 Sherry 的 10 个分类），采用的研究方法（采用 Phipps 和 Merisotis 的分类，描述性研究、个案研究、相关性研究和实验研究）以及所呈现的研究趋势。同 Phipps 和 Merisotis 1999 年的研究结果一致，作者也指出了远程教育研究存在的问题：研究倾向于强调单一课程学生的学习结果，而不是整个专业课程计划的学习结果；研究没有对学生退学率高的现象作出充分的解释；研究多数集中研究单一技术使用的效果而不是多种技术综合运用的效果；研究没有充分阐述数字图书馆的效用等问题。

（4）Liam Rourke 和 Michael Szabo 分别是加拿大阿尔伯达大学教育心理系的博士生及博士生导师。他们的“A Content Analysis of the Journal of Distance Education 1986—2001”一文对 1986—2001 年间发表在加拿大《远程教育杂志》上的文章做了内容分析。他们认为，研究主题是指每篇文章的主要研究对象，不是研究范围，所以每篇文章只能有一个主题。主题分类采用归纳法，即在检查过程中从篇章中抽出分类项目。而且这些分类与远程教育领域的入门教科书的内容组织和分类没有太大区别。因此，一些远程教育教科书的目录足以作为篇目分类的主题[①]。此文用做内容分析的主题包括 11 项：管理（预算、决策变革、校际合作、安置职工），卷首语（主编的评论），评价（对一门课程、专业或课件作出价值判断），基础（语言学术语辨析、定义、历史、模式），教学设计（课程、专业或产品的设计、开发与传输），教师特征（满意度、动机、态度、感受、教学风格、性别、人口学特征），国际发展（实践、进程及个别发展中国家中远程教育的角色），学习者特征（满意度、动机、态度、感受、认知风格、流失率、性别、人口学特征），学生支持服务（信息传达、建议、评价测验、咨询、图书馆服务），技术/媒体（教育广播、教育电视/视频、音频、计算机会议系统），趋势（对总体趋势的讨论及本领域议题讨论的发展趋势）。

其中“基础”和“技术/媒体”的比例最高，“趋势”的比例最小，在这之间的分类呈线性递减趋势的依次是“管理”、“教学设计”、“学习者特征”、“编者按”、“国际发展”、“教师特征”、“评价”和“学生支持服务”。作者指出，理论部分比例最高是因为受到 20 世纪 80 年代远程教育学科论争鸣的影响（The high proportion of items addressing foundations was influenced by a preoccupation in issues published in the 1980s with the status of distance education as a discipline and whether it warranted its own graduate programs）。“从所属机构类别上看，大多数作者来自高等教育机构（72%）。”国内（指加拿大）作者多数来自阿尔伯达省（有 AU）、多伦多省、大不列颠及魁北克省（有魁北克 TéléUniversité 大学），当然也有其他省份的，但比较稀少。15 年

① 这些教材有：Cyrs，1997；Keegan，1996；Lockwood，1995；Moore & Kearsley，1996；Stewart，Keegan & Holmberg，1983；Tate & Mills，1999，参看该原文的参考文献。

来发篇量最多的是博格（Berge），有6篇。作者依据他人已有的对AJDE（《美国远程教育杂志》），JDE（《远程教育杂志》）和DE（《远程教育》）的文献内容分析，从地域广度、主题、研究过程（采用量的还是质的）三个方面对三大杂志做了横向比较。首先从地域上看，AJDE最窄，跨度仅为10个国家，JDE则有24个国家，DE居中间，有17个国家。且就本土作者所占比例而言，AJDE最高（69.8%），然后是JDE（54.7%），DE（34.86%）最少。其次从主题的侧重点上看，远程教育基础和技术/媒体对JDE和AJDE而言都是最多的；对所有三本杂志而言，讨论频次最少的是教师特征和学生支持服务。最后从研究过程上看，AJDE的实证研究最多，而且用量的研究方法较多，但其描述性研究的比例则比JDE少。

（5）美国佛罗里达州立大学教育心理学与学习系统系的Lee，Driscoll和Nelson等人在《美国远程教育研究的过去、现在和未来：内容分析结果》一文中对1997—2002远程教育四大杂志发表的论文做了调研。分析内容涉及研究主题、方法和索引趋势等。研究发现：文献索引频率最高的5位作者是：Moore，Garrison，Harasim，Kember和Bates。同时作者还指出远程教育领域里基于理论的研究相对较少，但是什么原因导致于此尚无解答。可能的一个原因是缺少基于理论的远程教育研究方法论。

从以上对几篇内容分析的文章的简述中，我们可以发现国外学者近年来也开始反思学科或学术研究发展的程度，学科意识已经觉醒。在研究主题呈现的趋势上，国外研究主题在学习支持服务上普遍薄弱，在基础原理类上偏多，技术应用和教学研究所占比例相对较大。采用的研究方法以描述性研究居多。但这些内容分析都很重视对作者的背景和来源做调查，发现他们的学科分布和地域分布情况，同时视野也比较开阔，通常以四大杂志为样本进行比较，这些是国内同类文献内容分析所欠缺的。

（三）从 PQDD 看欧美博硕士论文主题走向

以上是国外学者所做的内容分析，笔者也对 PQDD 有关远程教育的博硕士论文进行了基本的内容分析，根据研究需要，主题分类是笔者拟定的（对于分类的界定见附录，但去掉了对国内杂志进行内容分析时使用的“无关”、“国外的文章及引介”和“政策宣传、新闻报道”这三类，增加了“管理者”这一类）。

表 2.1.3　1998—2003 年间 PQDD 远程教育各类篇目比例

论文研究主题分类	1998	1999	2000	2001	2002	2003	总量	比例
理论框架（元研究）	4	1	0	0	0	0	5	1.1%
远程教育原理	0	0	4	3	0	0	7	1.6%
课程设计和教学设计	0	4	0	1	1	1	7	1.6%
政策和法规	1	3	1	1	4	1	11	2.5%
学习支持服务	1	1	0	1	6	2	11	2.5%
课程资源、媒体技术开发	1	4	3	2	3	0	13	3.0%
管理者	4	3	3	3	5	4	22	5.0%
课程、资源、媒体和技术应用和采用	11	6	2	7	8	10	44	10.1%
评估和评价及模型建立	11	6	8	6	9	8	48	11.0%
项目实施和管理运营	9	7	12	9	9	14	60	13.7%
学习者和学习	15	17	15	14	16	23	100	22.9%
教师和教学、培训	15	20	26	17	16	15	109	24.9%
年度总量	72	72	74	64	77	78	437	100.0%

从上表可以看出，欧美远程教育博硕士论文研究领域广泛，但也存在各领域研究力度明显不均的情况。对“教”和“学”的研究几乎占了一半，然后依次才是项目实施和管理运营，评估和评价及模型建立，课程、资源、媒体和技术应用和采用，管理者，课程资源、媒体技术开发，学习支持服务，政策和法规，课程设计和教学设计，远程教育原理以及理论框架（元研究）。而从教和学的比例占一半的现象可以看出，远程教与学有着自己的特殊规律，是明显不同于传统面授教育下的新型教学方式，这也是远程教育与传统教育的区别之根本所在，即教学方式根本不同。相比之下，对学习支持服务、远程教育原理和元研究论文非常匮乏。

从趋势上看，对“教”的研究略有下滑，而对“学”的研究却呈强劲增长趋势。呈显著上升趋势的还有对“项目实施和管理运营”、“课程、资源、媒体和技术采用和应用”的研究。其余的类目均呈下降趋势，由此可见当前欧美博硕士论文的研究热点集中在“学生与学习”，“教师与教学、培训”，“项目实施和管理”和“课程、资源、媒体和技术采用和应用”这 4 个领域。

五、学科发展水平：学科地位业已确立

在对远程教育是否是一门学科的问题上，笔者采访了加拿大和美国的几位知名学者。迈克尔·穆尔的语气很肯定，他说：“我不太理解人们为什么总要被这个问题所困扰，并花费很多时间来思考。远程教育当然是一门学术性的学科，因为我们有讲授远程教育的教师、学习远程教育的学生、发表相关研究成果的杂志，以及供学者们讨论的会议。我们有一个理论实体，还授予学位、证书。因此为什么总有这样的问题，问远程教育是否是一个学术性的学科？我认为这个话题没有什么意义。”尤金·鲁宾也

有类似看法："这个问题无论是在远程教育领域内部还是在远程教育范畴之外都是一个有争议的问题。远程教育真的是一门学科吗？诚实地说，我觉得对这个问题的回答是徒劳的，没有任何成效。但是，我还是把它作为一门学科，……因为我觉得对远程教育的正规化来说，更重要的是这样一个不可否认的事实：那就是几乎所有的美国大学都通过远程教育的方式提供一些课程。我想，单是这个事实本身就足以说明远程教育的重要性了。"特里·安德森认为："教育研究本身就是建立在其他多门学科，包括心理学、社会学、经济学等工作基础上的。远程教育通过运用计算机、信息科学和工程的有关知识，继承和发展了教育研究的这种传统。当我将卫生健康、工程和商学等学科所能够取得的研究经费的数量与远程教育研究所能够获取的研究经费的数量进行比较的时候，就会把自己弄得很沮丧。……更多的经费和更活跃的研究将有助于我们更加清楚地界定我们自己的角色，由此即可建立起一种我们自己的学术学科的感觉。"夏洛特·古娜瓦德娜更进一步指出："当我们在讨论远程教育的时候，可以肯定地说远程教育是属于泛教育领域中的一门学术学科，因为它的确与传统的面对面教学有着许多不同之处，最显著的就是学习者、教师和媒体或媒介在地理上的分离，媒体在远程教育教学的交流过程中起着举足轻重的作用。远程教育方面的众多学术期刊证明了这样的事实，即远程教育正在发展成为一个独特的教育领域。……在美国，远程教育被公认为是一门学术性学科就已经确立了它的学科地位。"综合这些专家的回答，我们可以看出他们最直接的依据就是从专业开设和期刊繁荣的现象反过来判定远程教育就是一门学科，并希望能够争取更多的研究经费来促进学科的发展。

笔者为此也对学科观和专业观在问卷中做了调查（有关问卷调查的实施情况见第四章第二节），结果见图 2.1.2 和图2.1.3。

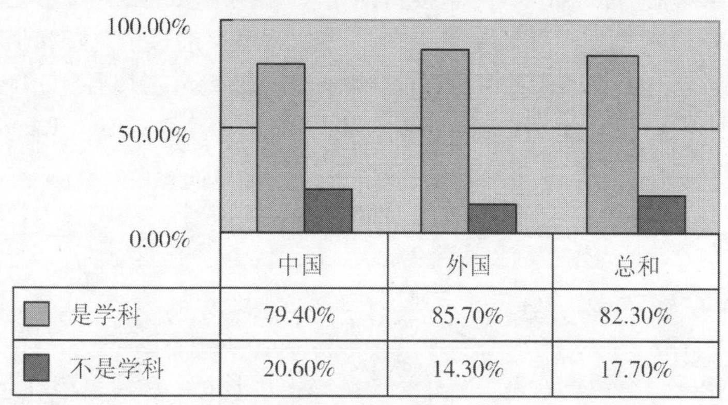

	中国	外国	总和
是学科	79.40%	85.70%	82.30%
不是学科	20.60%	14.30%	17.70%

图 2.1.2　中外学者学科观

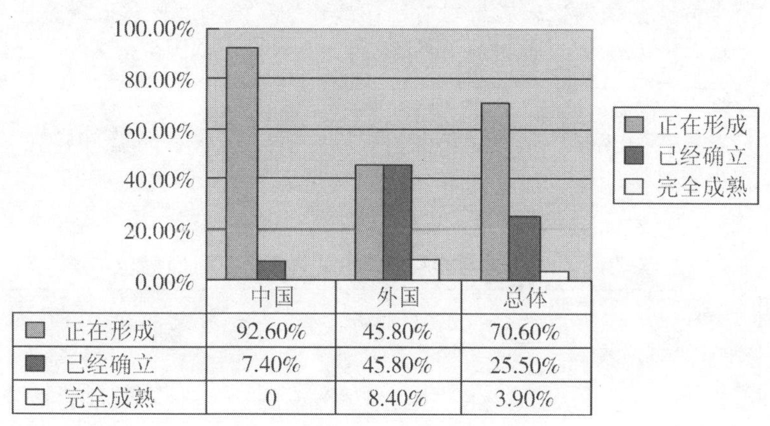

	中国	外国	总体
正在形成	92.60%	45.80%	70.60%
已经确立	7.40%	45.80%	25.50%
完全成熟	0	8.40%	3.90%

图 2.1.3　学科所处阶段中外比较

从总体上看，赞成学科观的学者有 51 人，所占比率为 82.3%，说明大部分远程教育学者认为远程教育是一门学科。但是分开来看，国外学者赞同率高出中国学者 6 个百分点，说明国外学者对学科观的认同率很高，分歧较小。这可以从穆尔早在1985年的论断中得到印证，他说："远程教育经过了儿童和少年期，现在正步入成熟阶段，前景壮阔!"（Moore，M，G.，1985）这个论断得到了Torstein Rekkedal等许多学者的响应（Torstein Rekkedal，1994）。

在学科发展阶段问题上，那些持学科观的学者中，认为学科处于"正在形成"阶段的占70.6%，认为"已经确立"的占25.50%，认为学科"完全成熟"的仅占3.90%。这也说明了本研究的必要性，即有必要通过对学科体系的研究来促进学科走向成熟。值得注意的是，国外学者在"正在形成"和"已经确立"这两个阶段的选择上均占45.8%，比率对等，而中国学者则有92.6%的人认为学科"正在形成"。这与文献分析的结果是一致的。可见，国内远程教育界对远程教育学科的独立性认同度也比较高，但大多数学者都认为远程教育学科仅处于"正在形成"的阶段。

在学科观和专业观问题上，中外学者是否有着显著差异呢?为此笔者特地做了独立样本T检验（见表2.1.4）。

表2.1.4　中外学者学科观和专业观差异显著性t检验

		成立专业		学科观	
		假设方差相等	不假设方差相等	假设方差相等	不假设方差相等
方差相等的Levene检验	F检验	216.656		1.690	
	显著性	.000		.199	

续表 2.1.4

			成立专业		学科观	
			假设 方差相等	不假设 方差相等	假设 方差相等	不假设 方差相等
平均数相等的T检验	t		3.680	4.000	.638	.647
	自由度		59	32.000	60	59.812
	显著性（双侧）		.001	.000	.526	.520
	平均差异		.3333	.3333	.0630	.0630
	标准误		.09058	.08333	.09877	.09741
	差异的95%置信区间	下界	.15207	.16359	−.13454	−.13184
		上界	.51459	.50308	.26059	.25790

关于学科观的题项，经双侧 T 检验，$P=0.526>0.05$，说明中外学者在学科观的看法上没有显著性差异，即国内和国外学者一致赞同远程教育是一门学科的观点。

关于成立专业与否的题项，经双侧 T 检验，$P=0.001<0.01$，说明中外学者在成立专业与否的看法上明显不同。而中国学者和专家赞同成立专业的比率是 64.7%，外国学者则 100% 赞同成立专业，所以可以认为国外专家对成立专业的赞同度显著地高于中国学者和专家。

综合以上对国外远程教育学术研究发展的历程、学科外部特征、三次学术争鸣以及国外学者的文献内容分析和笔者所做的访谈及问卷调查的结果，可以看出，国外远程教育学科已经建立，学科地位业已确立。

第二节　国内远程教育学术研究发展概况

一、学术研究掠影：实践推动研究

我国的函授教育开始于20世纪初。1902年，蔡元培等在上海成立中国教育会。该会创办初期以编教科书为己任，继仿通信教授法，刊行丛报。此即我国函授教育的起源。辛亥革命后，商务印书馆在1914年创设函授学社，是我国最早的函授学校。但在当时，旧中国的统治者并不支持，所以没有得到很好的发展（林志全，1988）。新中国的函授教育始于1951年，东北实验学校所设的函授部和中华职业教育社（黄炎培主持）在北京创办的函授教育师范学校，均属函授中等师范教育。高校承办函授教育是从中国人民大学（1952）和东北师范大学（1953）开始的，这标志着我国制度化远程教育的开始。函授教育的土壤主要是高等学校，属于双重模式，它的教学模式是“以有指导的业余自学为主，集中面授为辅，并有完整教学环节的一种远距离教育形式”（林志全，1988）。其“函授”的特征主要体现在师生之间通过函件来传递学习内容和作业反馈结果。后来于1959年开办的哈尔滨电视师范大学是我国最早的电视远程教育，以后有1960年2月创办的北京广播电视大学，1960年4月创办的上海广播电视大学。“文革”期间函授教育和电视教育都被迫中止。1978年2月，邓小平同志亲自批准了教育部、中央广播事业局《关于筹办电视大学的请求报告》。1979年2月，中央广播电视大学和全国28所省、自治区、直辖市广播电视大学同时开学。1983年1月24日，教育部发布（83）教成字002号文“关于公布普通高等学校举办的函授部和夜大学名单的通知”，函授教育也开始在高校复兴。至此，函授教育和广播电视教育两股力量再次汇集，共同发展。然而，广播电视媒体突出的成本优势和规模效益使得以广播电视为主要媒介但同时也不放弃函授手段的我国第二代远程教育规模迅速扩大，并逐渐成为80年代至90年代中期中国远程教育的主流，而以普通高校和成人高校为基地的函授教育因其特别的教学模式符合一部分学生的学习习惯和偏好而保持下来，继续为国家成人教育事业作贡献。在80年代，函授教育战线的实践者及时总结经验，出版了《函授教育学》（1988）等著作，这一时期对函授教育规律的探讨也多见于关于成人教育的论著中。在中央广播电视大学的系统中，最早成立专门研究机构的是黑龙江广播电视大学（1979年），尔后1985年中央广播电视大学成立远研所，80年代初大多数省级广播电视大学陆续成立远研室，成为远程教育研究的重要阵地。可以断言，中国远程教育学术研究自80年代中期开始走上了事业发展引领学术研究的外源性发展道路（张秀梅，2004a）。

1998年，在全国政协大会上，全国政协委员、湖北函授大学校长游清泉提出的《面向21世纪构建我国现代远程教育的开放体系》提案，受到了党中央、国务院高层领导的高度重视，国务院前副总理李岚清将此提案批转国家原教委研阅，此后教育部多次召开了专门会议进行研究，从而使我国“现代远程教育工程”正式启动起来（曹凤余，2000）。试点工程的实施为远程教育研究提供了优良的土壤。自2002年以来，远程教育研究空前繁荣，这表现在期刊文章质量的提高、科研课题的增多、专门人才培养等方面。

改革开放以来，我国远程教育总体的发展轨迹是蛙泳式前进的，遵循的路线是：实践（潜入深水，进行中央广播电视大学系统建设，1978—1985）→理论提升，理性思考，政策引导，找出路（浮出水面，理论总结和引进，政协提案，1985—1998）

→再实践（现代远程教育试点工程，1998至今）→再反思（一系列的学科反思的文章和课题，2002年至今）。在实践发展过程中，远程教育研究这股潜流总会周期性地从实践底层浮出水面，显现了它的重要性。综上，中国远程教育学术研究自80年代中期开始走上了事业发展推动学术研究的外源性发展道路。

总的来说，我国远程教育学科（或研究）发展大致经历了三个重要历史时期：第一阶段是前学科时期（又称萌芽期，20世纪初至20世纪70年代末）；第二阶段是学科独立期（又称形成期，70年代末至90年代末期）；第三阶段是学科转型期（90年代末期至今），学科和专业自主独立意识日益增强，开始转向全面发展阶段。

二、学科外部特征：学科正在建制

在事业发展的同时我国远程教育学科已经具备一些基本的外部特征。专业学术期刊为学术研究和交流提供了一个良好的平台，其中包括《中国远程教育》、《开放教育研究》、《现代远距离教育》、《远程教育杂志》、《现代远程教育研究》，此外，还有《广州广播电视大学学报》、《广播电视大学学报（哲学社会科学版）》等19家省级广播电视大学报①。有些杂志已经打入教育界的主流学术期刊，被CSSCI检索和收录，具有较高的转载率。尽管许多论文在研究规范上还需国际化，国内的学术期刊已经开始走向成熟！

在研究成果方面，理论战线上的代表人物有高福文、袁昱明、单从凯、丁新、丁兴富、张伟远、任为民、徐皓、张亚斌、张冀生等，实践战线上主要有广播电视大学和网络教育学院的管

① 以“广播电视大学学报”作为刊名检索到1994—2004年期间共3782篇文章，这一部分杂志的档次还有待提高。

理者，比如谢新观、黄清云、丁新等。他们对远程教育实践智慧的提炼做了既具开创性又富有成效的研究工作，包括对“远程教育发展的基本动力，远程教育的本质规律，远程教育的基本矛盾，远程教育的适度规模，多媒体教材的一体化制作，远程视听学习心理规律，远程教育的开放性和现代化，远程教育的组织和管理，远程教学支持服务和远程个别化教学模式”（单从凯，1999），以及远程教育媒体观、远程教育的质量保证等的研究。他们开创了指向问题和实践的远程教育研究范式，尽管许多研究还不可避免地停留在经验总结层面上，缺乏系统严谨的科学探索。

在学术性的团体协会方面，除了20世纪80年代成立的一些各地远程教育研究会之外，近期又成立了一个较大的专业协会“全国高校现代远程教育协作组”，但其在科研和学术交流方面还没有作出令人瞩目的举措，到目前还没有举办过一次全国性的学术研讨会，学术影响力有待提高。然而由于其基础较好，是目前国内唯一一家成员院校最多的远程教育协会，因此其在远程教育方面的作为令人期待。

在专业建设方面，国内远程教育自2000年开始依靠教育技术学专业培养硕士和博士研究生。据笔者统计，截至2005年，这些院校包括华南师范大学、北京师范大学和首都师范大学，累计总培养人数为60人。这与我国远程教育事业的规模是很不相称的。

远程教育研究过程所取得的一系列学科发展成就无不表明：远程教育研究正从边缘走向中心，学科地位逐步确立。

三、文献内容分析：各子领域研究方兴未艾

（一）总体情况

远程教育学术研究自从1998年以来抓住历史时机，乘势而上，不论在质还是量上都比以往提高不少。从《电化教育研究》和《中国电化教育》这两本杂志可以看出远程教育研究的总体

情况，详见表2.2.1及图2.2.1。

表2.2.1 1998—2003六年间《电化教育研究》和《中国电化教育》杂志刊登“远程”和“远距离”文章总体情况对照

杂志	总篇数	含“远程”和“远距离”总篇数	比例
《电化教育研究》	1293	121	8.79%
《中国电化教育》	2079	162	7.79%

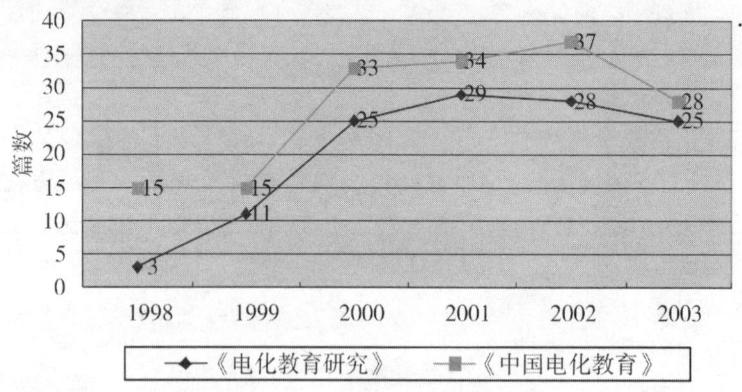

图2.2.1 1998—2003六年间《中国电化教育》和《电化教育研究》含“远程”与“远距离”的文章篇数

从以上的图表可以看出，远程教育研究在教育技术领域里的占有率在7%～9%之间，比例适当。从趋势上看，两刊起落趋势一致，说明这两本杂志都能够一致地反映远程教育研究的总体情况。论文总量自1998年到2002年一直处于上升趋势，这一时期也对应着试点初创时期。2002年总数开始有所下降，可能原因有两个：一个是与当时的政策有关，政府开始调整规范试点院校的发展，人们开始潜心实践；二是国内新兴起的两本远程教育杂志——《远程教育杂志》和《现代远程教育研究》分流了一部分研究成果的刊载。

另外，从“中国优秀博硕士学位论文全文数据库”检索到1999—2005年3月中文题名含“远程教育”的博硕士论文为47篇，中文题名含“网络教育”的为32篇，含“网络教学”的为47篇，这些论文探讨的主题已经涉及了远程教育的主要方面。

（二）文献内容分析

国内远程教育内容分析类的文章不多。张伟远博士的“中、英、美三国开放与远程教育研究论文的比较研究”（《开放教育研究》，1999年第2—3期）就如何提高研究质量的问题对国外五本远程教育学术杂志进行了比较研究。徐辉富的“我国开放与远程教育研究的内容分析”对2002—2003年我国五本远程教育类杂志——《中国远程教育》、《开放教育研究》、《远程教育杂志》、《现代远距离教育》、《现代远程教育研究》等刊发论文的主题进行统计，用卡方检验显示，远程教育理论、远程教学、资源建设、教育技术、远程学习等5个论题与其他主题比较呈现显著性差异，且占到论文总篇数的71%。殷丙山等人的“中国远程教育学术研究现状——基于专业学术期刊的分析”（2005）选取2001—2003年和2004年部分月份的《开放教育研究》和《中国远程教育》，沿用了张伟远的研究思路和分类框架，及分别从研究方法、数据分析技术、论文主题分布和论文研究领域等角度进行汇总统计分析。这些内容分析有的研究较早，有的分析样本只限于一两年的，因此笔者决定对《中国远程教育》（1995—2003）、《开放教育研究》（1998—2003）、《远程教育杂志》（1994—2003）、《现代远程教育研究》（2000—2003）这四本杂志做文献内容分析，分类原则和各杂志的具体数据图表参见附录。内容归类后，笔者又请另外两名助理评判员随机选取15篇论文进行归类，结果三人的评判信度系数为0.93（李克东，2003）。

下面图表中的序号 L1 代表“政策和法规”，L2——学习支持服务，L3——元研究，L4——评估和评价及模型建立，L5——课程设计和教学设计，L6——资源、媒体、技术及环境开发，L7——项目实施和管理运营，L8——资源、媒体、技术及环境应用和采用，L9——学习者和学习，L10——远程教育原理，L11——教师和教学、培训，L12——国外的文章及引介，L13——政策宣传、新闻报道，L14——无关。结果如下（见表 2.2.2 及图 2.2.2）：

表 2.2.2　四大杂志各分类比率比较

	中国远程教育	开放教育研究	现代远程教育研究	远程教育杂志
L1	8.08%	0.22%	0.00%	1.52%
L2	9.66%	0.43%	7.09%	1.82%
L3	5.41%	1.51%	6.69%	8.49%
L4	1.72%	2.16%	3.94%	1.52%
L5	3.44%	3.24%	4.33%	10.00%
L6	4.85%	3.24%	4.72%	1.21%
L7	3.62%	4.97%	8.66%	7.27%
L8	5.10%	6.70%	5.51%	23.64%
L9	2.60%	7.34%	5.51%	5.46%
L10	5.17%	17.50%	7.87%	18.49%
L11	16.37%	9.72%	8.27%	7.88%
L12	6.29%	8.86%	2.76%	3.64%
L13	10.61%	12.10%	18.90%	6.06%
L14	17.08%	22.03%	15.75%	3.03%

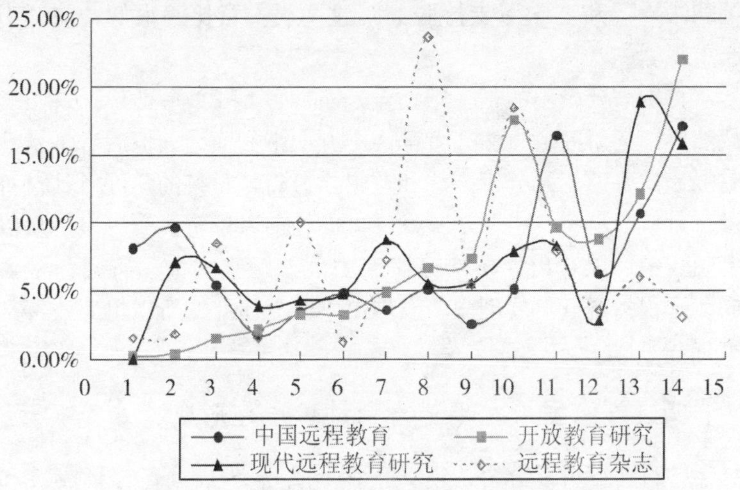

图 2.2.2 四大杂志各分类比率比较

从上面的散点图可以看出，在总体趋势上，《中国远程教育》和《现代远程教育研究》两本杂志在 1—13 区间（除去 7 点）的变化趋势是非常一致的，说明这两本杂志在这 13 类文章的数量分配轻重上是一致的。《远程教育杂志》在各类之间的起伏大且有规律。而所有四本杂志在 8—13 区间的涨落趋势又是一致的，这说明各本杂志在“课程、资源、媒体和技术的应用”至“政策宣传、新闻报道”之间文章的比率分配的轻重是一致的。在具体分类上，“远程教育原理”，“教师和教学、培训”，“政策宣传、新闻报道”这三类的文章所占的比例较大；其次是“项目实施和管理运营”，“资源、媒体、技术及环境应用和采用”，“学习者和学习”，“国外的文章及引介”这四类文章，平均比率在 5% 左右；最后是“元研究”，“评估和评价及模型建立”和“资源、媒体、技术及环境开发”，这三类文章在四大杂志上的比例一致偏低，平均比率低于 5%。比较明显的是，“政策和法规”和“学习支持服务”这两类文章比率很低，应该引起重视。

特别需要指出的是，“远程教育原理”和“元研究”是两类截然不同的研究，虽然二者都离不开归纳和演绎，但后者学术性更强，需要运用元分析方法和逻辑学分析从学科的角度对其自身进行自检、充实，指明学科发展方向，前者思辨成分更多。从以上图表中可以看出这两部分研究力度差距很大，元研究非常薄弱，远程教育学科要创立、发展离不开元研究，所以也应该特别重视。

四、学科发展水平：学科地位正在形成

学科建设可以分为初创（正在形成）、发展（已经形成）和成熟三个阶段（潘懋元，1993）。学科独立和学科成熟所依据的标准应该是不同的，而许多学者将两者混同使用。学科成熟的主要标志是建成严整的科学理论体系（林金辉，2003），而学科独立主要看其是否具备独特的研究对象，同时兼顾学科的一些外部特征，如专业、期刊、协会等。前面已经提到，问卷调查显示我国学者多数认为远程教育是一门学科，但还处在“正在形成”阶段。但也有学者早就提出远程教育已经成熟的论断，依据就是丁兴富教授所提到的7个标志。而事实上这7个标志只能用来判断学科独立与否，并不足以论证学科是否成熟，因为决定学科成熟与否的关键因素是学科内部的理论体系是否完善和成熟。学科独立与学科成熟是两个截然不同的概念。在此，笔者也认为，目前我国的远程教育学科处于“正在形成”阶段而不是“成熟”（“已经确立”）阶段。

对于学科观与专业观是否有一致性（是否存在赞同学科观的人也赞同在大学开设专业）的问题笔者做了交叉表分析，见表2.2.3。

表 2.2.3 成立专业 * 学科观 交叉表分析

		学科观		总和
		是	不是	
成立专业	是	43	7	50
	不是	7	4	11
总和		50	11	61

上表显示，赞同学科观也赞同成立专业的人占所有赞同学科观的人的比率为：43/50 = 86%，比率较高。

表 2.2.4 Kappa 检验结果

	Value	Asymp. Std. Error (a)	Approx. T (b)	Approx. Sig.
Measure of Agreement Kappa	.224	.150	1.747	.081
N of Valid Cases	61			

a 拒绝接受零假设。

b 采用渐进标准误接受零假设。

从上表 2.2.4 可见，Kappa 值 0.224 < 0.75，且 P 值 0.081 大于 0.05，未能显著拒绝专业观独立于学科观的零假设。这说明学科观与专业观还是有一定的关联性。

第三节 国内外远程教育学科发展模式对比

通过以上分析，我们可以发现国内外远程教育学科发展遵循的路线是不同的：国外远程教育实践发展和学术研究是并进的，两者互动得非常紧密，学术研究是遵循其自身内在逻辑规律发展起来的，走的是内源性发展道路；而中国远程教育实践和研究的先后性比较明显，学术研究是靠远程教育实践推动向前发展的，走的是外源性发展路线。这种外源性发展路线明显影响了现今远程教育学科的发展进程。

对国内外远程教育研究与实践发展情况的梳理结果与后面笔者所做的中外专家学科观和专业观问卷调查的结果是一致的，由此可以做出国内外远程教育学科发展历史阶段的对比图①，见图 2.3.1。

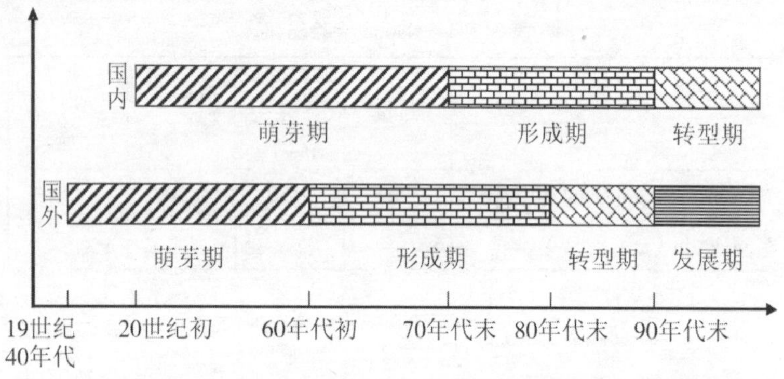

图 2.3.1　国内外远程教育学科发展阶段比较

萌芽期的主要标志是实践处于全新探索状态，无现成理论指导，研究处于经验性总结水平。形成期的重要标志是看学科有无较为一致的、独特的研究对象、较高水平的学术争鸣、系统的研究成果和正规化的研究机构。转型期主要有两个标志，一是在大

① 潘懋元教授（1993）把学科建设分为初创（正在形成）、发展（已经形成或独立）和成熟三个阶段，这三个阶段的划分还是非常科学的。

学中是否设有独立的专业或一套完善成熟的人才培养方案及课程体系；二是学科是否已经分化出相对独立的子研究领域。目前我国远程教育处在转型期。发展期的主要标志是各个子领域的经验体系正在逐步上升为理论体系，其研究成果介于经验体系与理论体系之间，基础理论还有待完善。国外远程教育目前处在发展期，它还有待进一步完善充实基础理论部分，构建相对完整的、有机联系的基础理论体系，从而步入成熟期。由图 2. 3. 1 我们还可以看到，中外远程教育发展历史有一个共同的时间节点，即 20 世纪 90 年代末，显而易见，这个节点对应着以计算机、网络技术为代表的信息技术给远程教育带来的全球性变革。

综合以上对中外远程教育学术与实践交错发展的轨迹所做的系统梳理和细致对比，我们可以发现，在远程教育发展动力方面，中外有着明显的差异。毫无疑问，无论是中国还是外国的远程教育，其发展动力都离不开教育技术革新因素、经济因素、社会因素和政治因素等多元因素的影响。然而中外远程教育实践发展的主要动力因素却有所不同。国外一般是社会需要和大学研究结合在一起，促成了远程教育的试验和实践，属于一种自然出现的社会性实践。换句话说，远程教育处在一种“自然”的生长状态，按照它自身的发展规律演进，学术研究遵循的是内源性发展路线；而在国内，远程教育事业直接隶属于国家教育总体发展战略，国家意志色彩较浓，往往是有了政府的教育行政文件作为指导方针后，才有大规模展开的远程教育实践，政府及教育行政部门在远程教育发展中起着“令行禁止”的作用。在这种局面中，远程教育作为一项事业的地位远远超过了它在学术研究方面的努力，它需要来自外界因素（政府）的不断干预，自上而下的引导、规范和管理国家总体的远程教育实践，因此，远程教育事业所处的发展环境是一种“人工培育”的环境，尚未形成政府—社会—远程教育机构三者相互制约发展的局面。所以，学术研究的发展遵循的是外源性路线。在这种以政治因素为主导动力因素的格局中，远程教育实践的制约因素靠的是行政命令，而社会监督、认证力量比较薄弱，一旦政府监管力量不到位或者远程教育规模增长过快，就容易出现质量方面的问题。这种发展模式无论对学科研究而言还是对实践发展而言都是不利的。

第三章　远程教育学科之“异”：学科特色

第一节　国际远程教育学科论争鸣

任何一个领域的发展都是实践、研究和外部政策制度环境交互作用的结果。美国远程教育专家迈克尔·穆尔曾说过，远程教育需要不同种类的研究。作为一个实践应用领域，远程教育研究既需要通过基础研究来检验和发展理论知识，又要进行能够解决实际问题的、可操作性强的实证研究（Moore，1985）。学术研究对学科发展至关重要。反思目前我国远程教育所隶属的教育技术学学科（原电化教育学），其专业和学科建设的历程也有相似经历，即在20世纪80年代，当时的电教界出现了名称之争的学术争论。

无独有偶，国际远程教育界在这段时期也遇到了同样的术语和概念的界定问题，比如“远距离教育”、“开放学习”等概念问题。在这个时期，国际远程教育学术研究开始走向繁荣，人们对远程教育的认识逐步深入，问题涉及面非常广，而且也很有深度。一般来讲，概念问题从属于学科这个大问题，它是一门学科独立的前奏。诸多争论的焦点和归宿就是远程教育学科争论。当时学科论的主要代表人物是鲍耶尔·霍姆伯格，反对派的代表人物是格伦威尔·鲁姆伯尔，之外还有态度中立而又积极的，代表人物有德斯蒙德·基更、希拉里·佩雷顿和斯巴克斯等，他们很早就开始探讨远程教育要形成一门学科所面临的并要解决重要问题。1989 年《远程教育杂志》的第一期上连载的五篇文章就是两派争论的集中反映。之前两派观点的代表文章分别是霍姆伯格的“远程教育学科”（1986）和鲁姆伯尔的“对远程教育是一门学科论点的反诘”（1988）。下面分别论述两派的观点。

一、学科派主要观点

学科派的著名代表人物是鲍耶尔·霍姆伯格。霍姆伯格从 1975 年开始就在前西德哈根远距离大学担任教授，1976 年开始领导他所在的研究所开展远程教育研究，1972—1975 年间担任过 ICDE 的主席。当然霍姆伯格并不是提出学科论的唯一一人。斯巴克斯就曾探讨过“远程教育学科创建的问题”（J. J. Sparkes, 1983）。霍姆伯格早在 1983 年就发表文章“远程教育是一门学术学科”来声称远程教育是一门学科。这篇文章发表在国际开放与远程教育理事会（ICDE）的工作简报上（1983），当时还没引起太大反响。1986 年霍姆伯格又在加拿大的《远程教育杂志》上发表了一篇题为“远程教育学科”的文章，这篇文章无疑是于远程教育平静的学术界中投下的一块石子，影响力颇大。丹·科德威（Dan O. Coldeway）为此专门在《远程教育杂志》上主持了一场讨论，把两派代表人物的主要观点和对话形成了五篇系列文章，登在 1989 年第四卷第一期。其中有霍姆伯格对劳伦斯·德夫林的责问“远程教育不是一门学科”做出回应的一篇文章——“术语与认识论：对德夫林远程教育学科分析的评论”。下面是霍姆伯格在其三篇主要文章中表述的学科论观点。

（一）远程教育是一门学科（1986）

1. 学科判断依据

任何一门学科的建立都要受两方面因素的驱动，一方面要有组织结构良好、专门化的基础研究，另一方面要确定应用领域及专业人员所需具备的素质。把应用研究和基础研究（或纯学术研究）彻底区别开来是不太可能的。而在大学中开设远程教育研究生课程就能使理论研究和应用研究达到完美结合。霍姆伯格判断远程教育是否是一门学科的主要依据有两个：一个是看其是否有专门的学术研究，另一个是看其在大学中是否开设专业课程来培养专门人才。

2. 具体阐述

霍姆伯格鲜明地提出了“远程教育是一门正在形成的学科”的观点，有如下两个依据。

（1）学术研究：从20世纪80年代开始，对远程教育的研究大量涌现，与先前的贫乏状况形成了鲜明的对比。1982年霍姆伯格在为ICDE做研究调研时，发现当时与远程教育直接相关的研究文章就有300多篇，多数是发表在70年代末80年代初。远程教育研究明显受益于其他成熟学科的知识和理论，比如普通教育学、儿童教育学和成人教育学、哲学、心理学、社会学、历史学和经济学等，这也是一门新兴学科普遍具有的特点。在描述一门新兴学科，界定其领域范畴的时候，给出研究和教学范围是非常必要的。一个合理的办法就是把研究进行分类，列出该门学科在实施教学时所对应的课程体系及科目。霍姆伯格确定了15个研究领域，包括：①远程教育理念和理论的总体分析；②学生群体和学生的动机研究；③课程规划和学习目标；④课程开发；⑤媒体；⑥非接触性有指导的双向传播；⑦面授教学环节；⑧咨询；⑨机构的计划、组织和管理；⑩远程教育经济学；⑪评估；⑫远程教育历史；⑬发展中国家的远程教育；⑭远程教育工作者实践指南；⑮远程教育元研究。

霍姆伯格（1982）指出，一个清晰的远程教育学科体系正在出现，它包括：理念和理论，远程学习者和他们的学习环境、学习条件及学习动机，教学法（学科知识的呈现），学生与服务组织（辅导教师、咨询人员、管理者和其他学生）之间的沟通和交互，管理和组织，经济学，系统论（远程教育比较研究、分类法、评估等），远程教育史等。

（2）远程教育的教学课程：从20世纪70年代开始远程教育工作者的培训就开始以面授形式开展，学员主要来自第三世界国家。提供远程教育课程教学的单位包括负责远程教育发展的机构［比如波恩的德国国际发展基金会，伦敦的国际扩展大学，瑞典当局驻发展中国家的办事机构（SIDA）］，还有一些大学和其他组织（比如威斯康星大学，国际远程教育协会）等。以远距离形式开展“远距离教育学”的教学还是80年代才出现的事情。跟其他远距离教学的课程一样，远距离教育专业的课程结构、学习材料、传输方式等方面也要不断调整、完善。这些课程主要是作为研究生课程开设，哈根远距离大学和南澳大利亚的高等教育学院（SACAE，South Australian College of Advanced Education）已经这样做了。这些院校和机构对成人教育理论、远程教育技术、远程教育史等各有侧重，但课程体系大致相同，都是远程教育学科体系不可缺少的组成部分。

能够作为一个领域在大学里进行专门的教学和研究是一门新兴学科存在的明显标志。远程教育事实上已经建立起了一个专门的研究领域和教学专业。用波普尔的话来讲，学术研究的任务有两个，一个是从理论上对事物进行阐释，另一个是在实践中为应用或技术提供指导（Popper，1972）。从这个意义上讲，以上列举的学术研究课题和大学的远程教育课程教学都说明了远程教育事实上已经成为一门学科了。

3. 努力方向

从当时学术期刊上所关注的议题来看，远程教育理论和实践将主要在以下几个领域中得到发展：个别化和学习者自主性，对学习者自学能力的尊重与学习者支持服务的提供，媒体与方法等。对不同文化和背景下远程教育的考量也要引起我们足够的重视。对那些在很大程度上依赖社会文化背景的组织结构的影响，我们也知之甚少。这些社会性因素明显会影响远程教育在众多教育方式中的地位。远程学习者要通过教学组织的面授来获得特别的学习支持的需求得不到满足，但可以通过提供合适的方法、媒体、管理措施和组织模式来弥补。很难想象将来没有远程教育会怎么样。

霍姆伯格提出要尝试构建一个综合性的远程教育理论。对于理论建设，基更对此早有论述。他认为：“理论就是一种最后可以用一个词、一句话或一段话表示的东西，但却可以容纳所有的应用研究，是需求、目标和管理组织赖以建立的基础。从政治、经济、教育和社会等角度对远程教育做决策时，理论越坚实，我们就越有把握做决策。”早在1988年，基更就提出理论的缺乏弱化了远程教育的地位，缺乏一种认同，有关方法、媒体、财政和学生支持服务的各种决策的制定就没有把握（1988）。要构建一种综合性的理论，霍姆伯格建议把描述性的“基本认识”（basic statements）提炼成一个“远程教育的整体论”（general view of distance education）以及一个能够产生波普尔所讲的、可被证实（或证伪）的假设的理论。霍姆伯格还给出了自己的远程教学理论（teaching theory）：

> 如果教学与学习者个人需要有关，在学生与远程教育机构（指导教师、咨询人员等）之间建立一种情感支持，帮助学生获得所需要的课程内容，使学生参与各种教学活动、

讨论和决议，并且与学习者进行富有成效的真实和模拟的传播，符合以上这些条件，远程教育就会支持学生的学习动机，增进学生的学习满意度和学习效果。

（二）远程教育学术研究的分类——外源性和内源性因素研究（2000）

2000年，霍姆伯格在“远程教育研究现状和趋势”一文中对其学科论的两个主要依据之一“学术研究”再次进行了深入阐释。根据肯普和吉尔顿的分类（Campion，M. & Guiton，P.，1991），霍姆伯格把远程教育学术研究划分为两类，一类侧重内源性因素（endogenous factors）研究，也就是关注远程教育自身涉及的问题，如教学方法、媒体等教学、管理和技术方面的因素。霍姆伯格认为，远程教育包括两个组成要素——学习内容的呈现和师生、生生之间的交互。尽管已经有很多的研究成果，但是我们对远程教育中学习者如何学习这个问题了解得还很不够。另一类则是外源性因素研究（exdogenous factors），侧重研究远程教育经济、技术、人口特征、文化、政治和社会背景。这方面有彼得斯的经典研究——远程教育的工业化特征比较，以及对后现代主义（post-modernism）的研究。

霍姆伯格再次强调了他的论点，“鉴于以往的学术研究以及远程教育在大学里设立专业这些事实，我有足够理由声明远程教育已经成为一门学科”。理论研究永远不可能至善至美，它只能提供一种可以被接受的具体方案，直到这些方案被证伪或被其他更好的理论所取代。若要深入了解远程教育的内部规律，就要从两方面开展工作，一方面进行理论建设，另一方面加强对学习者学习情况的研究，特别强调采用质性的研究方法来研究远程教育学习者，这个工作虽然艰辛又耗时，但却可以让我们更好地洞察和理解学习者是如何进行学习的，而且可以为持续性的学习支持服务提供更为坚实的基础。

（三）远程教育学科论之争归根结底是认识论的不同（1989）

霍姆伯格在1989年发表文章“术语与认识论：对德夫林远程教育学科分析的评论”来回应德夫林博士的质疑。他认为他们之所以会有截然相反的观点是因为各自界定（definition）的角度和依据不同，也就是认识论不同。霍姆伯格本人把“学科”界定为“一门既能引起研究又能在大学开展教学的独特学术领域（My definition of discipline is that of a clearly defined area of academic study that has caused both research and university teaching）”。德夫林认为远程教育不是一门学科，这个现象正如许多学者认为成人教育算不上是一门学科而其他学者认为成人教育就是一门学科一样。德夫林采用的是逻辑实证主义认识论，而霍姆伯格则是波普尔和拉卡托斯意义上的理性主义者。霍姆伯格还提及他本人创立的有指导性教学会谈理论及其十个有待实践检验的假说，以此说明自己并没有忽视实证研究。

二、反学科派主要观点

（一）格伦威尔·鲁姆伯尔——远程教育没有形成自己独特的研究范式和理论体系，缺少内部本质特征（1988）

时任英国开放大学规划主任的鲁姆伯尔在此次大讨论之前（1988年）也在《远程教育杂志》上发表了自己“对远程教育是一门学科论点的反诘”。文中指出，一门学科的建立要具备4个外部属性特征和3个内部属性特征（extrinsic and intrinsic characteristics of disciplines），仅具备外部特征是算不上一门学科的。

这些外部特征包括：①管理特征，有组织机构，即有院校等实体支撑；②开展活动，有教学和研究方面的活动；③与现实实际发生的问题相关联；④公众认同其为一门学科。内部特征包括：①具备自治性，内部聚合度高、学科专门化程度高，能够独立于其他学术研究领域或者独立为一个专门的知识领域；②具备一定的理论深度、概念框架和结构体系；③呈现该学科所具有的独特文化。学科凝聚力强的外在表现是具有独特的学科文化，研究人员交流时有自己的“行话”。“管理组织结构”（structure）这个概念的教育意义就在于它能直接影响实际的课程计划、组织和管理结构等。针对第二个内部属性特征，鲁姆伯尔讲到，学科也有成熟和不成熟之分，有些学科高度结构化，学科结构十分严谨，而有的学科还不知道哪些知识是基本的，不知道要教给学生什么样的知识。

鲁姆伯尔引用斯巴克斯的论点指出，一个领域是否是一门学科最有力的证明就是它是否具有自己独特的研究范式并以此获得其他学科的认同。一个学科在理论和概念上要有一定的深度，基本观点之间要有一组复杂的关联性。要达到这个程度，远程教育首先要有在一定范围内适用的经验总结或“规律”，第二个层次就是用抽象的概念或深层次的理论（抽象概念之间的联系）来解释这些规律。目前远程教育研究还只是接近第一个层次。佩雷顿（1987）指出，远程教育要超越对事实所作的观察（observation）和报道（reportage）的水平，使之上升到一般性、概括性的理论层次（generalization）（Hilary Perraton，1987）。鲁姆伯尔最后鲜明地提出自己的论点：“远程教育缺乏一个较高层次的理论体系，只能算做一种专门的教育实践模式，有着一套独特的指导实践的理论体系但却是低层次的，仅此而已。”

（二）劳伦斯·德夫林——远程教育仅仅是一个职业领域（1989）

针对后面将要提到的霍姆伯格的论点，维多利亚大学的劳伦斯·德夫林直接发表题为“远程教育不是一门学科”的文章来表明他截然相反的论点。开篇指出，远程教育只是从成人教育引发出来的一个领域，而且成人教育本身也不是一门学科。相反，它们两者都是“专业化的职业”，就像城市设计、听觉病矫治与护理、公共管理、社会工作或者会计之类的技能工作，并且都有一个核心学科作为它们的知识基础。远程教育的本体论植根于复杂的实践应用，而非起源于学术研究。他反对霍姆伯格论证远程教育是一门学科所依据的两个理由，即有远程教育学术研究并在大学开设专业。德夫林提到，至少在北美的一些大学中，有许多专业本身并不是一门学科，特别是在职业教育领域里。比如职业疗法、企业管理、幼儿早期教育、健康信息学等。有关远程教育学科地位的争论对其发展即便没有害处也是毫不相干的。他还指出霍姆伯格的论点前后矛盾，即一会儿说远程教育是一门“正在兴起”（emerging）的学科，一会儿又说其是一门“已经确立”（established）的学科。

德夫林最后指出，要从以下三方面来推进远程教育领域的发展。第一，要把一些常见的概念不带任何个人分析色彩地上升到范畴层次上。首先要考虑的就是“距离”这个概念，然后是“控制”和“自主性”，以及“有效性”（远程教育的有效性不能只通过学生的学业成就来衡量，还要考虑他们的社会角色所发生的变化），最后一个关键的概念就是“学习”。第二，要放弃寻求霍姆伯格所谓的一种“综合性”理论的尝试。一门社会学科退步的危险就在于只用一种思维范式来研究问题。像社会学这样一些更为成熟的学科领域都兼容各种观点互不一致的理论学派，所以霍姆伯格提出的构建一个“综合”的理论是不能让人信服的。第三，要把理论与实践创造性地联系起来。远程教育工作者要具有一种经验的和直觉的能力来判断哪些问题是要优先研究的。远程教育是一个新兴的领域，多种学科背景的人都来参与，因此它具有多学科背景的优势。他特别指出，社会主义国家和资本主义国家都在开展远程教育，其理论研究也应该是一个价值无涉的，世界各国的远程教育工作者都应该为之添砖加瓦。

三、远程教育是一门学科

以上各派的观点可以形象地列表如下，以作对比。

表3.1.1　20世纪80年代远程教育学科论争鸣情况对比

	学科论	反学科论
代表人物	鲍耶尔·霍姆伯格 (Borje Holmberg)	1. 格伦威尔·鲁姆伯尔 (Greville Rumble) 2. 劳伦斯·德夫林 (Lawrence E. Devlin)
代表作	“远程教育学科”（1986，JDE）	“对‘远程教育是一门学科’论点的反诘”（Greville Rumble，1988，JDE）
	“术语与认识论：对德夫林远程教育学科分析的评论”（1989，JDE）	远程教育不是一门学科（Lawrence E. Devlin，1989，JDE）

续表 3.1.1

	学科论	反学科论
判断依据	大学中开设了专业，有专门的课程体系	具有内部聚合度，专业化程度较高，具有独立于其他学科领域的自治性
	研究实践中的问题**	具有理论深度和概念结构体系
		呈现独特的学科文化（是凝聚力和自治性的外在表现）
主要结论	依据以上判断依据，远程教育学术研究和实践活动已形成一个繁荣的领域，并作为一门学科不断向前发展	学科地位的确定不能建立在外部特征基础上。远程教育缺乏独立于教育学科的自主性和独特的学科文化，因此不是一门学科
评　价	判断远程教育是否是一门学科的主要依据应该是它的内部属性，建立一门学科则要从内部属性和外部属性两个方面入手	

** ［注］：包括思想和理论；远程学生，环境，条件和动机；学科知识的教学；学生和支持组织（辅导老师，咨询员，管理者，其他学生）之间的交流和交互；管理和组织；经济学；系统（比较远程教育，分类学，评估等）；远程教育历史等（霍姆伯格）。

综述各派观点，我们可以发现，判断标准不同，结论自然迥异。正如霍姆伯格所说：“远程教育是否是一门学科，归根结底是界定的问题（Whether distance education is a discipline or not is a matter of definition.）。”那么界定一门学科的依据是什么？霍姆伯格有两个标准，即学术研究标准和专业开设标准。而鲁姆伯尔有 7 个标准（即如前所述的 3 个内部特征和 4 个外部特征）。至于学科发展要解决的核心问题有几个，斯巴克斯认为是一个，即独特的研究范式和理论体系；德夫林认为有三个，即观点提升为概念、经验上升到理论、理论研究结合实践应用。

通过学科论争鸣，学界更为深入地探讨了远程教育学学科的研究对象等独立性问题。实际上，这场学科论的分歧就在于：判定远程教育是否是一门学科，到底是依据学科内部体系的特征和属性，还是靠观察远程教育研究建制的外部条件。决定事物发展的是内部属性，而内部属性成熟与否不易观察得到，只能从外部特征或表象来推断，这是充分而不必要的条件。既有理论基础，又有独特的学科文化，这才是学科地位的主要依据。不论讨论结果如何，重要的是远程教育自身建立的概念和方法连同技术正在被应用到整个教育领域（G. Rumble，2001）。此次学科论争鸣标志着远程教育研究者学科自省的开始，它将远程教育学科讨论和学术研究推向了一个新的高潮。

远程教育学科有自己独特的研究对象，即师生分离下的远程教与学，它颠覆了师生面对面的传统教育方式，其独特性就在于教和学的分离和借助教育技术的再度综合。教学活动过程中，师生在时间和空间上的准永久性分离是远程教育一切现象得以发生和存在之根本。因此远程教育是一门学科，但尚未成熟（张秀梅，2004b）。

第二节　远程教育学科的基本问题

一、远程教育和远程教育学：实践范畴与研究范畴

国际上“远程教育”一词是德国图宾根研究小组最先使用的，而不用“函授学习”。德文的远程教育单词是“Fernstudium”，远程教学则是“Fernunterricht”。后来美国学者穆尔从瑞典学者霍姆伯格那里耳闻了这个词语，将它译成英文“distance education”。后又在基更的努力引介下，“distance education”于

20世纪80年代开始在英语国家中被广泛使用（Michael Moore & Greg Kearsley, 1996）。我国则从80年代末开始用“远程教育”来替代“函授教育”一词，译为“远距离教育”，后来在1996年现代远程教育工程试点酝酿之时，政府文件才开始用“远程教育”。

在界定远程教育自身的同时，我们不得不考虑校园面授教育。有的远程教育形式虽然也有面授成分，但不是其主要特征，其本质特征就是在面授无法进行的情况下，恰当运用技术对教和学的行为进行重新整合。两者的逻辑关系如图3.2.1所示。

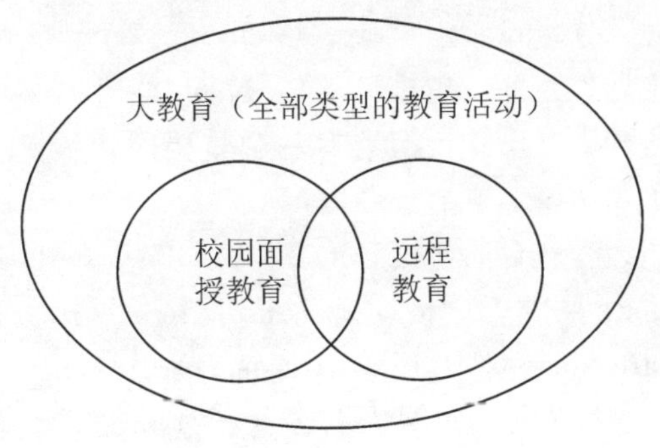

图3.2.1 校园面授教育、远程教育与大教育的关系图

整个集合就是全部类型的教育活动。校园面授教育和远程教育是相容并列关系，即二者有交叉关系，但其外延之和又小于外圆——全部教育活动。

国内外对“远程教育”进行界定，比较有代表性的定义有：

■ 基更1980年在综合前人认识的基础上对“远程教育”作了界定，1996年的定义包括5个要素：学生和教师分离，机构对教学材料的准备，用来联络教师和学生的技术，双向传播，对个别化学习（而不是群体）的关注。这个描述性定义在国际上基本没有什么争议。但是笔者认为还有三个有待完善的地方：①这个定义只列出了远程教育的本质属性，属性之间缺少关联性；②该定义没有把远程教育领域另外一种形式的实践活动——研究活动纳入其中，所以不够全面；③该定义的第五个要素已经不合时宜，因为现在网络远程教育可以实现同步在线群体教学，应该舍弃这个要素（Keegan，1996）。

- 霍姆伯格1995年对远程教育的定义是：可以覆盖各种形式各种层次的学习，只要不是教师连续的、即时的课堂授课的形式，学生可以从支持组织的计划、指导和教学中受益（Börje Holmberg，1995a）。这个定义是从反面来界定远程教育，指排除了连续的、即时的课堂面授在外的各种学习形式，但还有一个重要因素：支持组织，隐含了媒体技术这个条件。
- 美国远程教育协会（United States Distance Learning Association，1998，http://www.usdla.org/html/resources/dictionary.htm）对远程学习（distance learning）进行了界定，表述为：通过媒介传递的信息和教学来掌握知识和技能，包含所有的技术和其他形式的、远程情况下的学习。这个定义只揭示了远程教育的一部分特征，不是"远程教育"的定义。
- 国内对远程教育的定义则多达20余种（而对远程教育学的定义只有几个），早期出现的定义是林志全对函授教育的界定，"函授教育是以有指导的业余自学为主，集中面授为辅，并有完整教学环节的一种远距离教育形式"，而"函授教育学是研究通过函授这种教育形式培养人才的社会活动，揭示函授教育规律的一门科学"，其任务是"揭示通过函授对在职人员进行高等教育的规律，阐明高等函授教育一般原理，探索高等函授教育各项工作的具体规律"（林志全，1988）。这个定义在认识上存在一定的历史局限性，外延过小，早已不合时宜，但著者承认，"函授教育、广播电视教育同属于远距离教育范畴，远距离教育是函授教育最邻近的属概念，所以说，函授教育是一种远距离教育形式"。

■ 国内比较突出的是丁兴富在2002年提出的定义。他认为："远程教育学是教育学的一门相对独立的新兴分支学科，是研究远程教育这一新兴教育形态的现象、规律和本质，探讨作为手段或方式的远程教育在人类教育和培训体系中的地位、作用、原理、方法和特点的学问。远程教育学的研究对象是远程教育，即将远程教育这一社会历史现象的各个方面作为研究客体，探讨这类新型教育形态的发生和发展的内在规律及其丰富的表现形式。"这个定义没有相关地界定出"远程教育"这个范畴，而且概念的内涵没有表现出远程教育的本质属性，研究的范畴仅限于"地位、作用、原理、方法和特点"，相对较窄。

综上，笔者试对远程教育和远程教育学下一个定义，如下：

远程教育是关于在师生分离情况下，有组织地使用技术和媒体来传递教育内容，为学生提供持续的和系统的学习支持服务的研究与实践。

其中，"持续的"使之有别于自学，"系统的"使之有别于普通教育中个别课程的网络辅助教学，"学习支持服务"是指远程教育服务机构提供给学生的学术性、管理性、情感性的支持活动。而狭义的"学习支持服务"是指不包括学术性和情感性支持服务的管理性服务。远程教育这一概念的外延包括：函授学校，开放大学，广播电视大学，虚拟大学和联盟；双重模式大学和企业提供的 e-learning 培训以及其他层次和类型的远程教育。*而远程教育学就是研究远程教育现象和规律的学问*。

这里对远程教育的界定将实践范畴和研究范畴整合在一起，能够全面地揭示远程教育这一客观存在的两个主要领域。

二、逻辑起点：学科独立的根本所在

学科的基本问题是逻辑起点，进而在逻辑分析和系统方法的统摄下推理、演绎和构建整个体系。它是学科独立的根本所在，也是与其他学科分野的根本标志。“学科的逻辑起点的基本特征是：它表现了研究对象最抽象、最直接、最一般的关系，是组成研究对象的细胞和基本单位，它包含了研究对象一切矛盾的胚胎和萌芽”（彭漪涟，1994）。在教育学界，关于教育学的逻辑起点问题的讨论始于20 世纪 80 年代初，并在 80 年代中后期达到高潮，见诸报刊的文章有数 10 篇，提出的逻辑起点有 10 个以上，且有单一起点论、双起点论及多起点论之说（朱国仁，1997）。对比之下，远程教育学对自身的逻辑起点就没有那么关注。国外研究者当中，清晰地探究了这个问题的是基更，他认为远程教育的理论起点是在面授传播无法进行的情况下用机械的或电子的传播方式来开展教育的活动。“独特的研究对象能使远程教育学区别于教育科学中的其他所有学科。”（Desmond Keegan，1991）国内至今有两种说法，一种是江苏广播电视大学王正东（2001）提出的“关于教育的基本概念和基本原理”逻辑起点，另一种是中央广播电视大学张少刚（2005）提出的“分布式学习”逻辑起点。近年来也有学者略微谈及这个问题（王正东，2001；袁昱明，2002；丁兴富，2005）。

那么远程教育学的逻辑起点是什么呢？首先，判断逻辑起点的科学性，需要满足三个基本条件：①逻辑起点必须是研究对象最基本、最普遍的现象；②逻辑起点必须与历史的起点相一致；③逻辑起点必须蕴涵着整个体系发展过程中一切矛盾的“胚芽”（薛天祥、谢安邦、唐玉光，1993）。

由此观之，很显然，王正东提出的逻辑起点没有观照历史起点，没有考虑实践本体，而张少刚提出的“分布式学习”实际上是远程教育的一种学习方式。笔者认为，远程教育自诞生之日起，就是用来解决“远程”和“教育”之间的矛盾的，正如戴维·西沃特所讲，这两个词本身就是一对矛盾（David Sewart，1988）。它的历史起源就是1840年英国人伊萨克·彼特曼采用函件的方法来传递速记教程这一活动，通过邮政和印刷技术来实现教学活动的全过程。因此笔者认为，**远程教育学的逻辑起点应该是借助于教育技术的教与学活动的再度综合**。

三、学科性质：一门兼具理论性和实践性的学科

丁兴富（2001）认为远程教育学既是一门理论学科，也是一门应用学科；单从凯（2005）则认为“远程教育这个学科从本质上讲是一个实践学科，而不是一个理论学科，它的建设更直接地与我们的实践水平有关”。美国的弗莱德·萨巴也认为远程教育研究是属于实证主义范式的，强调学科的应用性。

笔者认为，一门学科既然为“学”，就必然有其理论指向，远程教育学科也不例外，它既有理论指向也有实践指向。因此，笔者赞同丁兴富的观点。远程教育学科的理论性可以提供行动指南，可以解释行动，可以反思实践，可以规范行动，可以提升实践经验，可以指明研究方向，可以在无序中见有序，也可以在有序中生出新的问题（假设，等待用实践去证实或证伪）。最重要的是能够开阔思路，规范研究和实践，形成学科文化。远程教育学科的实践性应用则可以让理论研究成果转化为实践效益，有助于学科建制，促进远程教育事业和专业的发展。

第三节　远程教育学与邻近学科的比较

一、远程教育学与教育技术学

从我国远程教育最邻近的学科——教育技术学来看，原来的电化教育，“有实无名”，即有实践无学科地位，直到1983年才获得了官方的认可，取得了正统合法地位。但当时其自身的属性及理论体系还很不完善（现在也没有完全成熟，否则也不会有关于范式、问题之源的探讨；不会不断界定自身作自我定义，与其他学科划界），全国有关此领域的大学教材甚少，具有导读入门性的、体系较为完善的教材著作就是《电化教育学》（南国农，1985）。但学科建立之后情况就完全不同了：在几个研究中心（西北师范大学、华南师范大学、北京师范大学、华东师范大学等）的示范带动下，各地专业发展迅速，教材丰富了，研究文章增多了，理论体系发展了，教学实验也遍地开花了。学科地位的确立和大学专业的开设反过来又推动了研究的发展。

在国外学者看来，教育技术与远程教育也同样是有本质区别的，基更在1991年就对此有阐述（D. Keegan，1991）。夏洛特·古娜瓦德娜、迈克尔·穆尔、尤金·鲁宾、特里·安德森等人也都认为两者有显著的区别。教学技术的焦点在技术层面上，而远程教育的焦点是教育上。远程教育把教学技术作为一种工具加以运用，以最终实现预期的教育目标。教学技术是远程教育必不可少的必要条件，但并不是远程教育的充分条件（尤金·鲁宾，2004）。尽管两者之间在课程体系方面不可避免地存在大量的重复和交叉，如教学和学习理论、革新的采用和变革的管理、研究设计与实施等；但就一般而言，教育技术类的教学计划通常更多地关注内容的组织和架构，如计算机辅助学习、编程等，而远程教育的教学计划则更多地关注跨文化的、经济的和学生支持等方面的问题（特里·安德森，2004）。“可以肯定地说，远程教育是属于泛教育领域中的一门学术学科”，“远程教育方面的众多学术期刊证明了这样的事实，即远程教育正在发展成为一个独特的教育领域”（夏洛特·古娜瓦德娜，2004）。具体方面的对比详见“远程教育学与教育技术学、高等教育学、成人教育学的区别对照”表（见表3.3.1）。

二、远程教育学与成人教育学

在与成人教育学对比时，不妨先从美国远程教育之父查尔斯·魏德迈的身份说起。他是研究成人教育出身，实践的领域在当时也是针对成人的函授教育，后来积极倡导第二代远程教育技术，通过AIM项目积累了宝贵的经验。其弟子迈克尔·穆尔也是如此。他于1977年提出独立学习理论时的身份就是成人教育学教授，所创办的《美国远程教育杂志》宗旨明确是为美国成人与继续教育协会的成员以及其他想表达自己关于远程教育与更为广泛的领域——成人教育之间关系的那些人提供一个交流的平台。

远程教育实践与成人教育实践从产生的历史渊源来看是同源的，即一棵树干分开的两个杈，都是作为“非正式”，“非常规”教育形式出现的，都冠以“非”字头。但在后来的发展实践中，出现了各自领域里有影响的学术共同体（在各自领域重量级的人物权威专家），比如成人教育领域的开山鼻祖就是马尔科姆·诺尔斯（Malcolm S. Knowles）（1913—1997），美国远程教育之父就是威斯康星大学的查尔斯·魏德迈（1911—1999），另外就是英国开放大学创建校长沃特·佩里（Walter Perry）和内布拉斯加大学的吉利·蔡尔德（Gayle Childs）。正如宾夕法尼亚州立大学已退休教授史蒂芬·J. 怀特（Stephen J. Wright）所说，他们是20世纪50年代、60年代、70年代这30年间的风云人物（Wright，1991）。从中也可以看出，不同的实践孕育、产生了不同的学者群体，乃至学术共同体，由此学术共同体成为学科分野的标志之一。

再从词源来看，成人教育学（andragogy）是作为与普通教育学（pedagogy）相对立的概念提出的，pedagogy是儿童教学的艺术与科学，而andragogy则是帮助成人学习的艺术与科学。远程教育则是从物质层面来界定自己的，是有别于传统的校园面授教育的教育，关注的是“物理距离”，大学“实体”的有无；成人教育的界定则是从受教育对象出发的。世界各地的远程教育都在发展，所以远程教育研究与普通教育研究及成人教育研究的联系将在未来变得更为紧密（Torstein Rekkedal，1994）。具体对比详见“远程教育学与教育技术学、高等教育学、成人教育学的区别对照”表（见表3.3.1），此处不再赘述。

三、远程教育学与高等教育学

高等教育学的主要研究对象是实施面授教育的普通高校，它是作为传统（普通）教育学的对立面出现的，因为“长期以来，从夸美纽斯的《大教学论》到赫尔巴特的《普通教育学》再到凯洛夫的《教育学》，均（或主要地）以中小学教育为其研究对象”（杨移贻等，2000），当时的教育学者很少探讨高等教育的规律。而远程教育是相对于校园面授教育的另一种的教育形态，远程教育学的研究对象则是师生分离的情况下如何借助教育技术来重新整合教与学的活动。二者的实践领域有交叉，远程教育的实践领域是包括继续教育、高等教育、中小学教育等各层次教育在内的一种实践活动；高等教育却可以使用远程教育手段来进行校内远程教学和校外远程教育。随着信息技术在高等教育领域的拓展，许多高校已经转化为双重模式大学。

从“远程教育学与教育技术学、高等教育学、成人教育学的区别对照”表中我们可以清楚地看出高等教育学的学科代表人物、代表著作、协会、发展阶段、学科及专业成立时间、代表院校等外部特征以及定义、逻辑起点和理论体系成熟度等内部属性与远程教育学是完全不同的。

表 3.3.1 远程教育学与教育技术学、高等教育学、成人教育学的区别对照

对比项目		教育技术学	高等教育学	成人教育学	远程教育学
学科代表人物	国外	爱德加·戴尔、唐纳德·伊利、詹姆斯·芬恩、罗伯特·加涅、塞特勒	伯顿·克拉克、约翰·S. 布鲁贝克	西里尔·豪尔(Cyril O. Houle)马尔科姆·诺尔斯，达肯沃尔德和梅里安	查尔斯·魏德迈、J. 斯巴克斯 博耶·霍姆伯格、德斯蒙德·基更
	国内	南国农、萧树滋、何克抗、李克东、李运林、徐福荫	潘懋元、薛天祥、陈玉琨、谢安邦	王文林、张维、余博	丁兴富、丁新、谢新观、张伟远
代表著作	国外	《学习的条件与教学论》(1985)	《高等教育哲学》(1978)，《高等教育的观点：八个学科的比较研究》(1982)	《现代成人教育实践——成人教育学与儿童教育学的对照》(1970)，《成人教育——实践的基础》(1982)	《远距离教育基础》(1986)，《远程教育手册》(2003)
	国内	《电化教育学》(1985)	《高等教育学》(1984) 《高等教育学讲座》(1993)	《成人教育概论》(1988) 《世界成人教育概论》(1990)	《函授教育学》(1988) 《远程教育学》(2001)

续表 3.3.1

对比项目	教育技术学	高等教育学	成人教育学	远程教育学
协会（全国性的）	中国电化教育协会（1991）	中国高等教育学研究会（1993）	中国成人教育协会（1981）	高校远程教育专业委员会（隶属中国教育技术协会，1991），全国高校现代远程教育协作组（2000）
发展阶段：（两种视角：国内—国外，事业—学科）	物理科学或媒体范式，传播与系统范式，行为科学范式，认知科学范式（国外，学科）（Paul Saettler，1990）	1984—1993：经验体系；1993 至今：理论体系（国内，学科）（薛天祥，尹丽，1997）	创始阶段：从 20 世纪初期到 20 世纪 50 年代；发展阶段：从 20 世纪 60 年代至今。（国际，学科）（张维，1990）	1960—1989：前学科（萌芽阶段）；1989—90 年代中期：学科独立；90 年代中期至今：学科发展
学科及专业批准成立时间	1983	1984	1992	/
	硕博（2000）（挂靠教育技术学专业）	本（1983） 硕（1986） 博（1992）	硕（1984） 博（1986）	硕（1993） 博（2004）

续表 3.3.1

对比项目	教育技术学	高等教育学	成人教育学	远程教育学
代表院校	华南师大、北京师大，本科：143 家，硕点：38，博点：5	厦门大学、华东师大、北大、华中科技大学等，硕点：近 80 家，在校硕士生：600 余名	华东师大、南京师大、四川师大、同济大学、福建师大、曲阜师大、四川师大等，硕点：13 家，在读硕士生：200 余名	北京师大、华南师大、首都师大，硕博士生：60 名
定义	教育技术是通过创造、使用和管理适当技术过程和资源来促进学习的研究和伦理实践（AECT，2005）	高等教育学是研究高深专门知识的教与学活动的学问	成人教育学是“帮助成人学习的艺术和科学”（诺尔斯，1968）	远程教育是师生分离情况下，有组织地使用技术和媒体来传递教育内容，为学生提供持续的、系统的学习支持服务的理论与实践。
逻辑起点	借助媒体的学习（桑新民，2003）	高深专门知识的教与学活动（薛天祥，尹丽，1997）	“成人性”（娄立志，2002）	借助于教育技术对教与学行为再度综合的活动
理论体系成熟度	不完善（桑新民，2003）	不成熟（薛天祥，尹丽，1997）	不成熟（朱涛，2004；董明传等，2002）	不成熟

注：表中相关的统计数据是截至 2005 年的。

四、远程教育是一门独特的学科

仅以教育界内部不同子学科背景人士的眼光来看，远程教育就会闪现不同的光色。比如有着成人教育学研究背景的人可能会认为远程教育的学习者主要是成人，因此远程教育应该纳入他们的研究视野；在高等教育学工作者看来，远程教育是在远程情况下提供高深专门知识的传授和创造工作，因此应列入高等教育的研究范畴；教育技术学学者可能会认为远程教育必须借助于媒体技术才能得以实现，而一切有关技术在教育中的应用都属于他们的研究和工作范畴，所以远程教育又可以归依到教育技术；而学普通教育学出身的学者又会认为远程教育不过是一种提供教育的途径、方法或手段，应属于普通教育学研究领域。同样，教育界外部人士来看远程教育也会折射出不同的色彩，IT 企业人士会认为远程教育就是 e-learning，具有无限的市场潜力，蕴藏着巨大的商机；从政府官员的角度看，远程教育为沉重的教育负担插上了腾飞的翅膀；经济学学者则会看到远程教育具有独特的经济运行规律和成本特征，具有丰富的研究价值；社会学家会看到虚拟空间教育性交互的独特魅力，用社会学的理论来解释虚拟文化的创建可以发现新的时空下人际互动的规律；心理学家则会研究远程教育下成人学习者的学习心理特征和变化规律。不同背景的人士都会发现远程教育蕴藏着无穷的宝藏，都想把它作为一个子集纳入自己的学科羽翼下，从各自的角度来研究和实践远程教育。

但这些边缘性的研究缺乏系统性，各方研究力量分散，都不能以远程教育为本，把远程教育作为一个独特的整体去思考、去研究，唯有以独特学科为出发点，远程教育才能找回自己的立足点。另一方面，远程教育越来越具有自己的特色，知识体系不断完善并且变得更加有序。诚如丁兴富（2002）所言，“不能将远程教育学科看做是教育技术、成人教育和成人心理诸学科的简单混合。远程教育学科有自己特定的研究对象和研究内容，有自己特有的基本概念和基本理论，有自成一体的学科体系。利用和借鉴其他教育和心理学科、特别是教育技术和成人教育学科的理论研究成果是必要的，但更重要的是面向实践，探索远程教育自身特有的规律和本质，形成远程教育学科理论的个性和特色”。

第四节 远程教育学科的独立创建

一、远程教育学科独立创建的可能性

要对学科能否独立创建这个问题给出结论，我们尚需辨析“学科独立”、“学科创建”和“学科成熟”这三个完全不同的命题。

（1）远程教育学科独立探讨的是，某研究领域是否一门学科，而远程教育学科创建讨论的则是应不应该把学科独立出来单独建制的问题。它更需要诉求学科的外部条件、社会环境和行政认可。

从以上对学科基础自身反思和对同级学科的比较观照中（对内反思和对外比较）我们可以发现，它已经具备了独特的研究对象，学科已经独立，这也可以从中外专家的观点中得到验证。目前我们面临的主要问题就是远程教育学应不应该从教育科学中独立出来单独建制。而从邻近学科的对比中，我们也发现，尽管这些邻近学科普遍都存在理论体系有缺陷、不成熟的问题，却并没有妨碍它们独立成为一门学科并获得行政上的认可。这对远程教育不无启示。学科或知识领域是不断发展着的，永无止境，永远没有完善的时候，在一定历史条件下，当某一知识领域

基本具备了独特的研究对象就可以独立，它的成立反过来又促进了专业和学科的发展。不管怎样，一个不容回避的事实是：远程教育学正同它的实践本体一样从边缘走向中心。

（2）学科发展是有阶段性的，独立→发展→成熟，学科独立与学科成熟是两个完全不同的阶段。

判断学科是独立还是成熟需要依据一定的标准，判断学科独立的标准是看学科是否有独特的研究对象，至于是否具有独特的研究方法则不是必要条件。"没有独特的方法也并不妨碍一门学科成为真正的学科。"（瞿葆奎、唐莹，2002）潘懋元也认为："一门学科的建立，最基本的根据只能是有它独特的、不可替代的研究对象，有它特殊的基本规律。至于理论体系、专业术语、研究方法，只有在它的发展过程中才能不断完善，不可能也不应该在草创之初，就求全责备。"（1993）学科成熟的必要条件则是要有逻辑严密的理论体系，而"学科创建（或设立）"则是一种价值判断，直接具有实践指向，但它要以"学科独立"这个事实判断作为依据，学科独立是学科创建的大前提。以此观之，远程教育学科是独立的，但不是成熟的，而通过"学科创建"可以加速这个过程，促进学科成熟。从第二章对国内远程教育学术研究发展概况和本章对远程教育学科独有的内部属性这两方面的探讨，可以看出远程教育已经具备了独立的内部和外部条件（除了行政认可），因此远程教育学独立创建是可能的。

二、远程教育学科独立创建的必要性

从学科比较和国情比较来看，远程教育学科独立创建又是必要的。

（1）学科比较：从远程教育学与成人教育学、高等教育学和教育技术学三个学科之间的对比可以看出，其他三个学科理论体系均不成熟。

即便是已经确立学科地位的高等教育学学科，也没有解决好研究对象、独立明确的概念体系、理论体系以及独特的研究方法等问题，“其体系基本上是普通教育学与高等教育特点的相加，存在着把普通教育学简单延伸到高等教育的弊端”（侯怀银，1998）。潘懋元指出，现有的以“高等教育学”题名出版的著作基本上是从教育学移植过来的知识体系。且“中国高等教育学科，是在中国本土产生与发展起来的，而不是从他国引进的”（潘懋元，2004），成人教育学也面临同样问题，是普教理论的机械“翻版”。然而，学术界特别是教育界对成人教育学是否一门独立学科、能否成为一门完整学科至今仍然存在着不同的看法。这说明，成人教育学的学科地位还没有被学界普遍承认，成人教育学的学科体系建设还远未成熟（朱涛，2004），甚至还有研究者在研究成人教育学的学科独立性（张夫伟，2003）。而教育技术学“由于本领域技术发展太快，理论涵盖的范围又太广，因此基础理论建设难度很大，至今还很不尽如人意。学科基础理论的薄弱已经引发诸多问题，尤其是作为教育技术学专业核心课程的《教育技术学》，不仅始终缺乏理论深度，甚至缺乏系统性、完整性和科学性”（桑新民，2003）。

这对远程教育学科独立创建的必要性有两点启示：第一，这些学科自身体系尚不成熟，但没有阻碍其建立学科地位，远程教育也可以创建其学科地位；第二，这些学科有自身的特殊研究对象，远程教育也有，所以远程教育也有必要独立创建。

（2）国情比较：在欧美，基更等学者通常用“远程教育研究”来指代“远程教育学科”。他们虽然都认为学科已经确立，但很少用“学科”这个词，这一方面可能与中西方思维习惯的差异有关，另一方面也与中西方教育制度的差异这一客观因素有关。

国外也有研究指出，应该将“远程教育—自身界定”（distance education—self definition）作为一个更新的研究领域发展起来（Sturrock & Howard, 1989）。在欧美的大学里，专业的开设、人才的培养以及实践的发展基本上不受学科地位的影响（但会受到研究水平的影响）。比如，国外的多数学者并不认同高等教育学是一门学科，但这并不影响其学术研究，照样开设专业，培养人才。相比之下，国内早在10年前就已经赋予高等教育学独立二级学科的地位，反过来也同样有力地推动了人才培养和学术研究的进程。中国拥有世界上最大规模的远程教育（远程教育学生在2003年达到230万），而我们的学术研究却少得可怜。鉴于我们的国情，有必要把远程教育研究提到学科的高度来认识，这有助于我们集中精力更好地梳理中国远程教育研究的成果。

国情的不同、思维习惯的不同，决定了我国远程教育学术研究要获得大发展就要上升到学科的高度来认识。

三、正确处理独立与借鉴的关系

在学科对比的过程中，笔者将远程教育的重点置于强调其学科独立性上，这也许会给人一种印象，即没有考虑借鉴其他学科的相关成果。其实，毋庸讳言，远程教育学同其他学科一样，在学科高度分化和综合的今天，试图与其他学科严格划清界限而不考虑借鉴其他学科的成果是根本行不通的。

学科的形成也犹如细胞组织分裂进而发展成一个组织一样，从低级到高级，都需要从周围环境（这里指其他学科）中汲取营养来丰富和发展自己，这也是一个学科成熟的必经阶段。独立于其他学科的“自治性”并不意味着“自力更生”。已经成熟的学科，譬如教育学都会从其他学科不断汲取营养来发展自己，同时独立、分化出许多子学科（如教育经济学、学前教育学、成人教育学、教育技术学等）。同样，远程教育学需要借鉴教育技术学、成人教育学、高等教育学等邻近学科的研究成果，需要借鉴教育心理学、教育管理学、教育经济学、教育社会学等相关学科的研究方法和研究成果，需要借鉴其母体学科——教育学的研究方法和理论原理，等等。这些都是孕育远程教育新的学科生长点的领域，能够更快地促成远程教育学科成熟。但如果不去总结概括实践经验或者只是借用其他学科领域的知识，远程教育也是不会被认可为一门学科的。因此，远程教育要在学科独立发展的自治性和获得其他相关学科的支持之间保持适当的平衡。

第四章 远程教育学科之“形”：要素体系

理论最简单的职能也许是对理论领域的知识分类提供一个系统。“甚至是最脆弱的理论也有它的用途，其最低级的形式是作为一种分类。它提供一套分类架、档案柜。事实可以积累在其中。……这种及时的积累，必然造成一个更加经济的档案系统。随着相互参照越来越多，一门新的理论就会诞生。”（乔治·A.比彻姆，1981）

第一节 结构框架的初步拟定

一、国内外现有学科体系结构

国内外有很多学者通过著书的形式阐述他们各自对学科体系的分类。这些分类彼此各不相同，即便是同一个学者在不同的时期也会有不同的分类，比如霍姆伯格、穆尔等。国外学术性和权威性较高的有穆尔、霍姆伯格和陶斯坦·雷柯达尔等人的著述。国内则有袁昱明，其在2004年提出的各子范畴群具有较强的代表性。这些分类框架异中有同，基本上都能反映远程教育学科体系的实质。著作体系是学科知识体系分类的外在表现形式，考察著作体系可以间接地了解不同学者对学科知识体系的分类。在国外，远程教育著作的质和量都很高。据粗略统计，截至2005年，英文学术著作数量多达50余本，其中对远程教育做综合性研究的有近10本。下面将通过对国内外远程教育研究综合性著作的体例以及一些专门论述学科体系结构的论文来展现不同学者对学科子体系的划分情况。

（1）迈克尔·穆尔（2003）的《远程教育手册》。全书共由7部分55章组成，内容包括：历史与理论基础，学习与学习者，设计与教学，政策、行政和管理，不同行业中的远程教育，远程教育经济学，国际展望。

（2）凯思·哈里（Keith Harry，1993）等人编写的《远程教育：新的展望》。内容包括远程教育理论、组织与结构、远程教育行政管理、远程教育媒体、国际展望、远程教育研究等6部分。

（3）戴维·西沃特（David Sewart，1983）的《远程教育国际展望》。内容包括：远程教育概念，远程教育理论，远程教育与社会，学生及其进步，媒体选择，课程开发，学生支持服务系统，经济学等8部分。

（4）基更（1993）的《远距离教育理论原理》。内容包括教学基础、学术基础、分析基础、哲学基础、技术基础等5部分。

（5）霍姆伯格（1986）的《远程教育学科的增长与结构》。内容包括：哲学和远程教育理论，远程学习者及其学习环境、学习条件及学习动机，学科知识的呈现（教学法），学生与服务组织（辅导教师、咨询人员、管理者和其他学生）之间的沟通和交互，管理和组织，经济学分析，系统论（远程教育比较研究、分类法、评估等），远程教育历史等8部分。之前他在1982年确定了15个研究领域，包括：①远程教育理念和理论的总体分析；②学生群体和学生的动机研究；③课程规划和学习目标；④课程开发；⑤媒体；⑥非接触性有指导的双向传播；⑦面授教学环节；⑧咨询；⑨机构的计划、组织和管理；⑩远程教育经济学；⑪评估；⑫远程教育历史；⑬发展中国家的远程教育；⑭远程教育工作者实践指南；⑮远程教育元研究。

（6）特里·安德森（Terry Anderson，2004）等人编写的《网络学习的理论与实践》。内容包括：网络教育理论的角色和功能，基础设施和对学习内容开发的支持，网络课程设计和开发传输，质量控制和网络课程的学生支持等4部分。

（7）穆尔（1996）的《远程教育系统观》。内容包括：远程教育基础，远程教育的历史发展，远程教育应用范围，有效性研究，技术和媒体，课程设计和开发，教学和指导，远程教育学生，行政、管理和政策，远程教育理论基础，国际视角，教育变革等12部分。

（8）谢里（L. Sherry，1996）的“远程教育中的诸多研究议题”。他构建了10个研究议题：重新界定参与者（包括教师、教学点辅导老师以及学生）的角色，媒体选择和采用，设计问题，提高交互性促进积极学习的策略，学习者特征，学习者支持服务，运营（operational）问题，政策和管理问题（在作者的解释当中看不出两者的明显区别），公平与机会，成本效益权衡。

（9）挪威的陶斯坦·雷柯达尔（Torstein Rekkedal，1994）在“远程教育研究的过去、现在和未来”一文中提到远程教育的研究日程项目包括：远程教育：一个研究领域，学生群体特征、招生、辍学和结业的调查和描述，媒体和技术，学生支持和咨询，远程教育中的教学和教学材料的开发，系统、管理、组织和经济学，评估和质量发展等7个方面。

（10）袁昱明（2004）的“远程教育学的元研究和学科建设”。他把学科分成若干个子范畴体系，包括远程教育社会学子范畴体系、远程教育经济学子范畴体系、远程教育认识论和心理学子范畴体系、远程教育教育技术媒体学子范畴体系、远程教育教学论子范畴体系、远程教育课程论子范畴体系、远程教育支持服务体系子范畴体系、远程教育质量保证子范畴体系等8个。

(11) 丁兴富（2003）的《远程教育研究》。全书包括4编12章：远程教育的历史和发展（含绪论、世界远程教育的历史起源和发展、中国远程教育的历史发展和系统结构等）；远程教育的学科理论基础（包括远程教育的基本概念，远程教育的基本理论）；远程教学和远程学习（包括远程教育系统的分析、设计和决策，远程教育中的信息技术和媒体教学，远程教育课程开发和资源建设，远程学习、远程学生和学习支助服务）；远程教育管理和评估（包括远程教育管理和质量保证，远程教育经济学，远程教育评估）等。2001年，丁兴富在其《远程教育学》一书中预先给出了远程教育学的分支学科，它们包括：远程教育系统工程理论，远程教育技术和媒体理论，远程教育传播学和教学通信理论，远程教育心理学及其教学理论和学习理论，远程教育的课程开发和教学设计理论，远程教育的学生学习支持服务理论，远程教育经济学，远程教育管理学和质量保证，远程教育测量学和评估理论，比较远程教育学，远程教育历史研究，各专业学科的远程教学理论，远程教学人员专业发展理论，远程高等教育学。

(12) 谢新观（2000）的《远程教育概论》。内容包括3编14章，分别是：远程教育的起源与发展，远程教育的理论基础，远程教育的实质，远程教育的系统观，远程教育的师生观，远程教育的传播媒体，远程教育的信息传播过程，远程教育的教学设计，远程教育的学习评价，远程教育的教学管理，远程教育的研究方法，学习化社会与远程开放教育，信息化社会与远程开放教育，网络化生存与远程开放教育。

综上可以看出，①巨著一般都是编著，在一个理论框架下有机地组织各个子领域的文章。②在分支领域探讨之前，都有专门的部分来介绍远程教育理论，实质上这就是《远程教育学》的雏形，即远程教育概念和存在的基础（包括教学、哲学、实践等方面），它是学科成熟后进行学科分化形成子学科群的母体。③学习支持服务、媒体技术应用和远程教学论是这些分类共有的，也是远程教育最具特色的组成部分。

二、双层十一要素学科体系结构

一般来说，学科子领域划分方法大致分为两种：一种是实践本位，另一种是学科本位。前者是针对实践应用领域划分的，后者是根据本学科与其他学科交叉、综合、分化产生而来的。学科创建之初，在发展和划分其二级子体系的时候通常从研究对象的构成要素入手，采用实践本位的划分方法较为合理，即有多少个实践子领域就对应着多少个子分类。待学科发展得较为成熟时，各子领域之间以及子领域与体系之外其他学科交叉，形成各种各样的横断学科、边缘学科或交叉学科的时候，再用学科本位的方法较为合适。比如对于中国的教育学科来讲，它的本体主要是课程和教学，起初只限于研究教学现象和规律的教学论，慢慢扩展到课程论、教育史、教育管理学等，后来逐步延伸到比较教育学、教育技术学、成人教育学、高等教育学、特殊教育学、学前教育学等，直到元教育学，教育学所研究对象向纵横方向同步扩展，体系日益丰满，已超出了国家专业目录中现有的10个二级子学科的范围。

对于远程教育学的学科体系研究在其初创时期也可以采用此种思路，因此这些子领域尚不足以称之为“学”。现在谈远程教育的“子学科”为时过早，其结果只能导致有多少个相关学科就有多少个子学科的虚假繁荣局面，似乎学科体系建设也已大功告成。远程教育学这一母体学科都尚未确立何来其分支学科呢？我们不反对用其他学科（比如社会学、心理学、经济学）视角来丰富对远程教育本身的认识，但不能动辄就分化出“××学”来，在学科尚未成熟的时候就将内涵无限扩大。

综合以上分类和本人的分析，笔者制定了包含远程教育历史等11个要素的学科体系分类结构，如下：

（1）远程教育历史：略；

（2）方法和方法论：略；

（3）远程教育原理：包括与大教育、终身教育等体系以及与社会经济发展之间的关系，对远程教育存在的合理性等的元研究；

（4）远程教育基础理论：如教学工业化理论、独立和自主学习理论、交互和通信理论等；

（5）学习支持服务：包括远程教育组织系统内各部门和地方学习中心为学生提供的教务管理和咨询等工作；

（6）远程教育系统管理：包括行政管理、领导决策、规划设计、外部合作、营运、成本分析、质量保证等；

（7）远程教育评估和认证：包括对机构整体的评价和认证；

（8）远程教育政策法规：包括国家和地区以及院校制定的政策法规和规章制度；

（9）远程教育中的教学研究：包括教学设计、学习环境设计、教学媒体应用、教学模式、教学策略、交互、教学效果评价等研究；

（10）远程教育中的技术/媒体开发：包括资源建设、平台开发、课程设计、各种媒体形式的教学材料开发等；

（11）远程教育参与者研究：包括对学生、课程教师和教学服务人员的角色、能力、感受、态度、培训发展、心理学特征、人口学特征等的研究。

一般学科所必须具备的基本组成部分包括历史、方法和方法论、原理、基础理论等。正如在第三章中笔者对远程教育的界定一样，作为研究对象的远程教育包含两个层面，一是研究，二是实践，学科兼具两种属性：既是一门理论学科又是一门应用学科。因此对应的学科体系也应该分成两个层面：常规的学科基础组成部分和学科特有的实践客体部分。遵循这个思路，综合国内外已有的学科体系分类，笔者初步拟定的以上 11 个子领域，它们明显落在两个层面上：前 4 个要素（历史、研究方法和方法论、原理或哲学、基础理论）为一个层面，即研究层，这些要素属于每一门学科共有的、必不可少的基本结构；后 7 个要素则为实践本体层面，是远程教育与其他学科相区别的特色结构，即实践层，它是提炼基础理论的主要材料来源，也是基础理论的主要指向。

以上国内外已有的各种分类所包含这 11 个要素的情况见表 4.1.1，横向维度是笔者划分的 11 个要素，纵向是所考察的在学科体系分类上比较有代表性的论著。

表 4.1.1　十一要素在样本论著上的分布

	历史	方法和方法论	原理	基础理论	学习支持服务	系统管理	评估和认证	政策法规	教与学研究	技术/媒体开发	参与者研究
《远程教育手册》(2003)	+	+	+	0		+	+	+	0		+
《远程教育系统观》(1996)	0			0		0		+	0	0	+
《网络学习的理论与实践》(2004)					0	0			+	0	
《远程教育：新的展望》(1993)			+	0		0				0	

续表 4.1.1

	历史	方法和方法论	原理	基础理论	学习支持服务	系统管理	评估和认证	政策法规	教与学研究	技术/媒体开发	参与者研究
《远程教育国际展望》(1983)			0	0	0					0	+
《远距离教育理论原理》(1993)		+	+						0	0	
《远程教育学科的增长与结构》(1986)	0	+	+	0	0	0	+		0	0	+
“远程教育研究的过去、现在和未来”(1994)					0	0	0			0	+
“远程教育中的诸多研究议题”(1996)			+		0	0		0			+
《远程教育概论》(2000)	0	0	0	0					0	0	+
“远程教育学的元研究和学科建设”(2004)			0		0	0			0	0	
《远程教育研究》(2003)	0			0	+	0	+		0	+	

注：“0”表示独立为一大类；“+”表示与其他内容组合成一个大类。

从上表可以看出，笔者的分类与霍姆伯格（1986）和袁显明（2004）的比较一致。霍姆伯格的研究框架没有把研究方法和方法论、远程教育政策法规单列出来，而是与评估合在一起统一归到“远程教育系统”中，而他列出的“远程学习者及其学习环境、学习条件及学习动机”可以融入笔者的“远程教育参与者”和“远程教育中的教学研究”这一类中，其余分类均一致。袁昱明所界定的8个子范畴体系都能一一对应笔者拟定的子领域分类框架，名字不同但实质一样。比如最后一个“远程教育质量保证子范畴体系”对应的是笔者的“远程教育管理”研究，“远程教育社会学子范畴体系”对应笔者的“远程教育原理”（因为原理主要探讨宏观层面的问题及远程教育与社会、政治、经济等方面的作用机制），“远程教育认识论和心理学子范畴体系”对应笔者的“远程教育教学论”。给出每一个子范畴体系后，他又列出每一个子范畴体系中的若干子范畴，与笔者的研究思路非常契合。

第二节　结构框架之因素分析

一、问卷的设计与发放

问卷设计出于三个目的：一是想调研被调查者的基本情况和观点，大致看一下在国际学术界大家对远程教育的学科地位和专业开设有怎样的看法；二是想知道前面制定的结构分类框架能够在多大程度上得到其他学者的认可，这也是主要目的；三是想了解远程教育学的基础概念有哪些，因为在此基础上才有理论可谈。问卷共分三部分：基本资料和学科观，学科结构要素，学科基本范畴。问卷中提到的学科框架（11个成分）是依据大量的有关远程教育研究的文献分析综合得来。问卷形式有中英文两种版本。调查之前笔者请多名研究人员对问卷进行讨论修改，试调查，经过两轮修改后，正式发放。本调查共发放中、英文版问卷三次，第一次是针对AAOU第18届年会（2004年12月1日）

的代表，在会议间隔期间采用偶遇抽样方法，发放中英文问卷；第二次是2004年12月10日向AAOU第18届年会和ICDE第21届国际会议（2004年2月，于香港召开）的与会代表发送电子邮件并附上英文问卷；第三次是2005年3月向我国的全国高校现代远程教育协作组成员学校的网络教育学院院长或副院长发送电子邮件并附上中文问卷。

前两次的调查对象均参加过远程教育界最高规格的学术会议，地域分布广泛，同时他们几乎都在远程教育领域工作和研究，因此对院校机构等实体的运作机制、教学服务管理等方面都有一定的了解和切身体验，其远程教育职业素质较高，具有较高的代表性。第三次调查以全国高校现代远程教育协作组成员学校网络教育学院院长和副院长e-mail地址清单作为抽样框，通过电子邮件向其中54所现代远程教育试点院校的院长或副院长发送问卷。问卷调查的对象基本上都是远程教育领域的一线工作者和学者，由此保证了调查结果的学术性和真实性。

三次发放问卷共380份，回收62份，回收率为16.3%。问卷分布的地域情况是，中国问卷34份（含香港1份），另有28份来自国外16个国家的专家和学者（其中 ·份没有注明国家）。由于问卷第三部分设计的题目多达59项，许多受访者未作回答，因此放弃统计处理。

二、问卷的信度和效度

在正式调查之前，请多名研究人员对问卷进行了讨论、修改、试调查，经过两轮修改后正式完成。基更评价笔者所建立的远程教育学科的子领域是令人满意的。更重要的是，这个分类框架是在分析了国内外各种分类基础上综合提炼而成的，这些都保证了本问卷具有良好的效度。

经过检验，11个要素量表的内在信度系数α是0.7985，标准化的信度系数为0.8154，说明本量表具有较好的内在信度。

三、样本基本信息

受访者地域分布见表4.2.1，从业年限见表4.2.2，职业背景见图4.2.1。

表4.2.1　受访者地域分布

问卷类型	地区	数目	百分比
中国	香港	1	2.9
	内地	33	97.1
	合计	34	100.0
外国	爱尔兰	1	3.6
	澳大利亚	2	7.1
	非洲	1	3.6
	菲律宾	1	3.6
	芬兰	1	3.6
	荷兰	1	3.6
	加拿大	2	7.1
	马来西亚	2	7.1
	美国	2	7.1
	南非	3	10.7
	葡萄牙	2	7.1
	瑞典	1	3.6
	泰国	2	7.1
	以色列	1	3.6
	印度	3	10.7
	印尼	2	7.1
	英国	1	3.6
	合计	28	100.0

表 4.2.2　从业年限

	人数	最小值	最大值	均值	标准差
从业年限	61	1.00	25.00	8.6311	7.16002

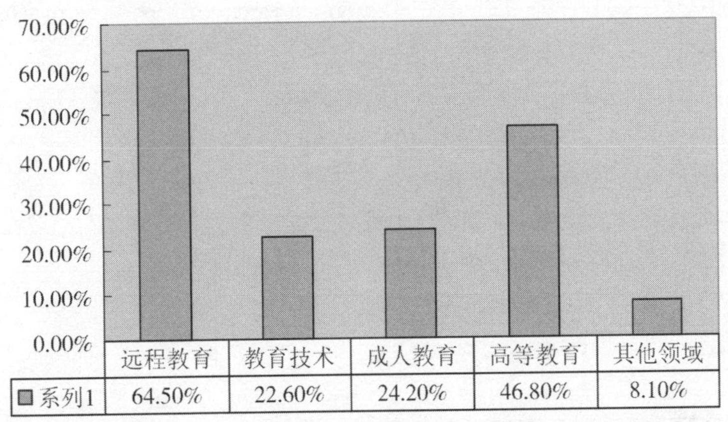

图 4.2.1　职业背景

从以上图表可以看出，受访者从业年限最多的是 25 年，最少的则只有 1 年，平均为 8.6 年。就职业背景而言，一半以上来自远程教育领域，来自高等教育领域的也接近一半，这些都表明受访者具备较好的远程教育经验基础，适于对其做学科体系结构调查。

四、因素分析

为了检验这 11 个要素结构在远程教育专家方面的认可度，以及它们是否能分为两个因素（或层面），即与笔者构想的两个层面是否一致，特做因素分析，下面是统计结果（见表 4.2.3）。

表 4.2.3　描述性统计

	计数	最小值	最大值	总和	均值	标准差
教学论	61	3.00	4.00	232.00	3.8033	.40082
支持服务	62	2.00	4.00	225.00	3.6290	.57926
媒体技术	62	2.00	4.00	225.00	3.6290	.51958
方法论	60	2.00	4.00	212.00	3.5333	.59565
评估认证	62	3.00	4.00	219.00	3.5323	.50303
系统管理	62	2.00	4.00	218.00	3.5161	.64635
参与者	62	2.00	4.00	217.00	3.5000	.56540
原理	62	2.00	4.00	214.00	3.4516	.53339
政策法规	62	2.00	4.00	206.00	3.3226	.67202
基础理论	62	2.00	4.00	206.00	3.3226	.69599
历史	59	2.00	4.00	184.00	3.1186	.64553
有效数	57					

从上表可以看出各要素的均值都在 2.5 以上，说明从整体上讲，62 位学者和专家都同意把这些条目放入学科体系结构。

由于各要素之间彼此可能有关系，因此采用直接斜交转轴法进行因素分析，操作结果如下（见表 4.2.4）：

表 4.2.4　KMO and Bartlett's Test

Kaiser – Meyer – Olkin 取样适当性量度		.772
Bartlett 球形检验	近似卡方分布	177.486
	自由度	55
	显著性	.000

KMO 值为 0.772，接近 0.80，表示适合进行因素分析。经过 Barlett 球形检验的 X^2 值为 177.486（自由度为 55），达到显著水平，代表母群体的相关矩阵间有共同因素存在，适合进行因素分析。3 个共同因素累积的解释变异量为 60.067%。

表 4.2.5 样式矩阵（a）

	成分（因子负荷）		
	1	2	3
政策法规	.820	-.289	
媒体技术	.712	.201	
系统管理	.656	.105	.163
教学论	.595	.381	
参与者	.593	-.182	.358
评估认证	.559	.338	
基础理论	-.195	.832	.105
方法论	.117	.723	
支持服务	.292	.624	
原理			.818
历史			.773

萃取方法：主成分分析。旋转方法：含 Kaiser 正态化的 Oblimin 法。

（a）转轴收敛于 14 次迭代。

因素分析结果得到 3 个共同因素，其中第三个共同因素只含有“历史”和“原理”两项，不足 3 项应予舍弃。第一个共同因素包括政策法规、媒体技术、系统管理、教学论、参与者和评估认证这 6 个子项，第二个共同因素包括基础理论、方法论和支持服务。但这还是与笔者建构的框架有一定的差异，最先建构的理论结构分为两层，即第1～4项要素是第一因素（含历史、方法、原理和基本理论等4个要素），属于理论层；第5～11项要素是第二因素，属于实践层。因此笔者采用“层面题项加总分析法”来决定是否接受因素分析的结果。语法文件如下表（见表4.2.6和表4.2.7）：

表4.2.6　层面分析语法表

```
COMPUTE T1ODD = C1 + C3
COMPUTE T1EVEN = C2 + C4
COMPUTE T2ODD = C5 + C7 + C9 + C11
COMPUTE T2EVEN = C6 + C8 + C10
EXECUTE
```

表4.2.7　转轴后的成分矩阵（a）

	成　分	
	1	2
T2EVEN	.906	
T2ODD	.802	.352
T1ODD	.565	.261
T1EVEN	.170	.963

萃取方法：主成分分析。旋转方法：含 Kaiser 正态化的 Varimax 法。

（a）转轴收敛于3次迭代。

注：T1ODD = 历史 + 原理；T1EVEN = 方法论 + 基础理论；T2ODD = 支持服务 + 评估认证 + 教学论 + 参与者；T2EVEN = 系统管理 + 政策法规 + 媒体技术。

经过3次迭代抽取出两个共同因素，而第二个共同因素只包含第一层面的奇数题项，即只含有“历史”和“原理”两项，因此，笔者决定舍弃这两项，因为它们的确不能构成一个独立的因素。最后学科框架体系采用因素分析的结果，保留9个条目。本次统计与前面对所有11个要素进行主成分分析的结果一致，与笔者预先构建的层面个数也一致。

五、因素命名

在教育科学中，对其内部的学科进行分类所依据的标准有两个，一是独特的研究对象，二是独特的研究方法，到底以哪一个为基准，教育科学也遇到这样一对矛盾。但在做划分时标准必须是唯一的，所以这里对于还不成熟的远程教育学科，笔者采用了依据对象来对学科子领域进行划分（可参考瞿葆奎，唐莹，“教育科学分类：问题与框架”——《教育科学分支学科丛书》代序；郭元祥，《教育逻辑学》，2002，p12）。有的专家还推荐以下几个子领域：文化问题、高等教育民主化、数据挖掘技术在远程学习中的应用、学习者为中心的课程开发和管理、远程教育的国际化等。而建议的这些子领域均可并入笔者提出的9个要素当中。有的专家还提议将“比较远程教育学”也列入其中，但笔者认为这样会导致划分标准不唯一的逻辑错误。已有的划分标准是根据研究对象上划分的，而比较远程教育学则是从研究方法上划分的，这样容易造成混乱，所以不予采用。但这并不意味着远程教育的研究方法要排除比较法，这在后面第五章将会谈到。

这里依然把前面萃取出的因素1命名为实践应用层，因素2命名为基础研究层。这与笔者原来建构的两个层面一致，只是各层面所包含的要素发生了一点变化。通过因素分析，“历史”和“原理”两个要素被剔除，而实践层的“学习支持服务”被归入了基础研究层，这在一定程度上说明学习支持服务是远程教育区别于其他教育形式的特殊方面，是远程教育的特色基础研究，同时也说明它已经从经验层次上升为理论和方法层次。正如张亚斌

(2002)所言,"说远程教育学是一门服务教育学也不为过"。

表4.2.8 远程教育学科体系结构

远程教育学科体系的两个层面	
实践应用层	基础研究层
政策法规	基础理论
参与者	方法论
媒体技术	学习支持服务
系统管理	
评估认证	
教学论	

这9个要素系统地整合在一起,在实践中对应的关系如图4.2.2所示:

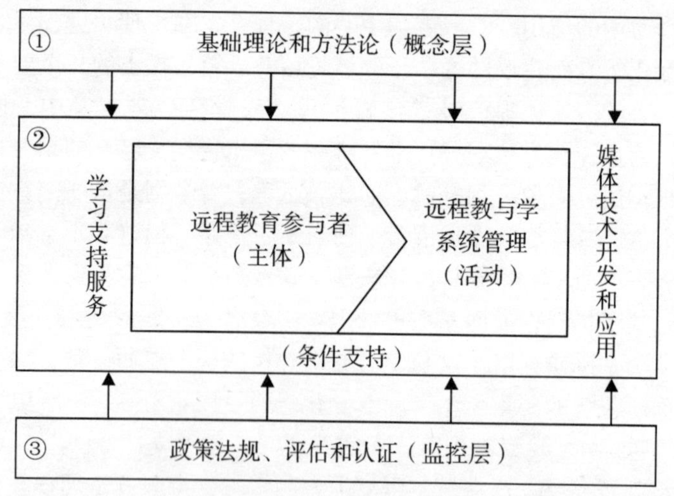

图4.2.2 结构要素关系图

这9个要素在实践中可以对应地分为三个部分：①概念层，包括基本理论和方法论两个要素。②活动层，包括三个组成部分：主体，即远程教育参与者；活动，包括系统管理活动和远程教与学活动；条件支持，包括学习支持服务和媒体技术开发与应用。③监控层，包括政策法规、评估认证两个要素。

第五章　远程教育学科之“体”：内容体系

本章将考察远程教育各研究子领域的研究成果。国外与此做法比较类似的是美国俄克拉荷马大学远程教育专业的斯默罗斯（Jason Simeroth）等4名博士生在2003年做的“远程教育理论和研究交叉综述”研究。采用系统方法将远程教育领域分为7类，包括概念，学生与学习，远程教育中的技术与教学设计，远程教育的教师，政策、行政与管理，院校环境，国际背景。每一个领域都列举一篇具有代表性的文章，从理论框架、文献综述、研究问题或假设、方法、数据分析方法、结论和索引次数等7个方面对其作了详细介绍。笔者将要探讨的学科体系内容的思路与此类似，但综合概括度更强一些。

在远程教育学科内容体系中，“基本理论”和“研究方法和方法论”属于较高的一层，属于研究层。而后面各子领域（除学习支持服务外）理论水平则处于理论体系和经验体系之间谱系上的某一个层次上，具有一定的理论水平但还不足以上升到理论层次，待成熟之后才可以进入基本理论体系这一类中，才会对实践的指导具有更强的普适性。这当中，有些领域的研究比较成熟，比如远程教与学、远程教育管理；而有些还比较青涩，比如政策法规和媒体技术的开发与应用。因此，后几个领域成果的综合概括更有挑战性。

第一节　远程教育基本理论

一、远程教育理论的重要性

理论的重要性不言而喻。理论研究对于一个实践领域的生命力和发展状态至关重要。一直以来，远程教育界的人士都指出理论建设还有很长的路要走。早在 1988 年，澳大利亚的乔斯琳·卡尔弗特（Calvert, J.）女士就认为，“理论旨在建立普遍性原理，然后为了提高它的预测力还要在不同环境下加以检验进而完善这些原理。在远程教育领域我们在这方面几乎没什么进展”。一个领域的理论基础将能够描述实践并指导实践，为指导其进一步发展提供基本方法和途径。思想观点的力量将通过聚焦研究问题、发现知识、建议选择方案来直接影响实践。既然思想和理念会指引远程教育的实践发展，那么就要投入专门的力量来发展一套有机的、严谨的、站得住脚的理论（Garrison, D. R., 2000b.）。远程教育理论体系至今仍不完善，还远远不能满足活跃的实践需要。弗莱德·萨巴（Farhad Saba, 2000）和希拉里·佩雷顿（Hilary Perraton, 2000）等许多专家也都呼吁理论体系的完善，呼吁基于理论的研究（theory – based research）。

二、远程教育理论体系

在梳理远程教育理论体系之前，需先明确到底什么是理论？理论的功能是什么？理论有哪些特点？理论研究的步骤有哪些？

“理论是一套相互关联的概念、定义和建议，通过详尽地说明各变量之间的关系，对现象提出一种系统的看法。其目的是对这些现象作出解释和预言”（F. N. Kerlinger, 1973）。

“理论必须解释和预言特殊的现象，不寻求解释和预言任何事情的陈述不是理论，另外，理论必须是能够通过实践检验的，即使当时无法得到验证，那么在未来也是可以验证的。理论的基本组成是概念和变量，它们相互联系而形成的陈述就是命题，一个命题可以是一个公理、一个假设、一个定理、一种经验的概括，一组命题相互联系就形成了理论。”（单从凯，2004）

莫里认为一种完美的理论有如下4个特点，这对理论建设有重要意义：（1）必须容许以经验检验的演绎推理。也就是说，它必须为它自身的解释和证明提供手段。（2）必须既与观察一致，又与前已生效的理论一致。（3）必须用各种简洁的术语来说明。能用最简洁的形式来解释其大部分内容的理论是最好的理论。（4）必须以各种经验的事实和关系为依据。（乔治·A. 比彻姆，1981）

理论研究的步骤包括：①描述实践；②某些概念的定义；③一般的说明；④一个或几个假说的说明；⑤根据后来的观察对假说进行评价和再造；⑥各种原则的说明（George A. Beauchamp，1981）。

由此我们可以知道，理论来源于实践，又高于实践，能够指导实践，也能够解释和预测实践。

20世纪60年代至90年代是远程教育研究的青年期，这个阶段涌现了大量的理论成果，除了1986年基更概括的远程教育三个基础理论（独立与自主学习理论、教学工业化理论、交互与通信理论）外，80年代末90年代初开始出现了一些新的理论，影响较大的有远程教育际代理论、等效性理论、虚拟交往与三种存在理论、人本主义学习支持服务理论。这些理论都符合上述莫里所说的4个特点。其中，教学工业化理论是将远程教育与其他产业横向比较的成果；际代理论是远程教育反观自身历史的纵向研究成果，体现了一种历史观，也应算做一种理论；人本主义学习支持服务理论是将人本主义心理学用在远程教育领域归纳产生的；独立与自主学习理论、双向通信和交互作用理论、等效性理论和虚拟交往与三种存在理论这4种理论是针对远程教育独特教与学的规律研究的成果，可以统一归入“双向通信和交互作用理论”。远程教育各类理论同其他学科的理论体系一样，有其各自的实践来源和指向，推理方式也不相同。下面笔者拟从各类理论的推理方式来考察其主要观点。

（一）远程教育际代理论

自20世纪80年代中期以来，信息技术对远程教育的作用比以往明显，加里森、尼珀、范恩斯、詹姆斯·泰勒等4人都把新技术的使用看做是引领变革的潜在力量，依据信息技术对远程教育进行分期断代，尽管各不相同。

尼珀（Nipper, S.，1989）把远程教育的三个模型和技术的历史发展（分别是印刷技术和铁路运输、多媒体教学系统和当时的电子传播技术）联结在一起，把第一代远程教育描述为函授教学，第二代远程教育则融合使用广播电视、录音带、录像带和其他类似的多媒体教学设备以及印刷材料，第三代远程教育主要使用双向通信技术。

加里森（1985，1993）依据信息技术的革新，将远程教育中的三代信息技术划分为函授、电子通信和计算机。第一代函授教育使用的技术包括印刷、邮政服务和运输技术、电话、广播电视和录音录像等多种通信技术，实际就是多种媒体技术的综合使用。以电子通信技术为主的第二代远程教育使用的技术主要是双向视频会议（包括音频图像系统）。而计算机以及基于计算机的多媒体、计算机会议和网络技术等都属于第三代信息技术。

詹姆斯·泰勒（Taylor, J. C.，2001）认为远程教育经历了五代：第一代为函授模式，第二代为多种媒体模式，第三代为远程学习模式（tele-learning model），第四代为灵活学习模式，第五代为“智能的灵活学习模式”①。“五代法”将最新的技术变化引入远程教育中，澳大利亚南昆士兰大学即是第五代的远程教育。

以上学者都把电子通信技术（双向通信会议系统）为主的远程教育单列为一代（即尼珀的第三代，加里森的第二代，泰勒的第三代），这种分类并不适于我国国情。双向通信会议系统在我国远程教育历史发展中并不明显，持续的时间相当短暂而且多是试验性的小规模使用，没有形成主流。进入 90 年代中期，网络媒体技术的使用迅速上升，与广播电视媒体并列为我国远程教育的主流媒体技术，由此进入了第三代远程教育。

总的来说，远程教育际代理论参考了技术发展史，理论的产生具有明显的逻辑归纳性质。

（二）教学工业化理论

这个理论诞生于第一代远程教育。奥托·彼得斯采用类比推理来论证远程教育是一种工业化的教学形式，他从合理化、劳动分工、机械化、装配线、成批生产、准备工作、形式化、标准化、功能变化、客观化、集中以及集中化等 14 个方面把远程教学与商品的工业生产进行比较，发现远程教学具备所有这些特征，由此推出远程教学是一种工业化的形式这个命题。该理论指向领域特质，使人能够瞬间把握远程教育管理体制的基本特征，它属于单一理论。

20 世纪 80 年代末 90 年代初，随着后工业化社会的来临，该理论也以“后现代”（post-modernist）、“新福特主义”等形式展示了它的生命力。

---

① 包括使用在线交互式多媒体的，使用自动应答系统的，使用校园门户网站（campus portal access）接入机构各种活动和资源的。

（三）独立与交互学习理论

这里笔者将独立学习和自主学习理论、双向通信和交互作用理论、等效性理论以及虚拟交往与三种存在理论这 4 种理论统一归入一个大类——"独立和交互学习理论"，因为它们均指向教学过程，都是研究远程教与学规律的理论。每一种理论都不是单一的理论，而是一种分类，一个理论群，各群由多个单一的理论来支撑，它们具有的共性就是所属理论群区别于其他理论群或理论的个性。这组理论的基本范畴有：交互、学习者控制和社会性存在（interaction, learner control and social presence）。这 4 种理论的论证方式兼有归纳和演绎，基本上是对认知学习理论、建构主义学习理论、社会交往学习理论（维果茨基）的应用和延伸，而且理论之间有较好的连续性，呈现了良好的借鉴登高之象。随着网络教育在高等教育领域的扩展，有些理论反过来可以直接运用到普通教育中。

1. 独立学习和自主学习理论

这类学习理论是以 20 世纪 60—70 年代的函授学习为实践背景。代表人物之一魏德迈先根据当时美国的实践归纳得出了"独立学习"这个范畴，尔后演绎出了独立学习系统所具备的几个特征，然后再在实践中完善、归纳，循环往复。另一代表人物穆尔从教育学领域演绎出三个概念："结构"、"自主"和"交互"，通过这三个概念来建构远程教育独有的"交互作用距离"（transactional distance）这个范畴。通过论证这些变量之间的函数关系来演绎远程教育教学活动所应遵循的一些规则，特别是需要"对话"（dialogue）来缩小这种心理距离。1989 年穆尔又提出了三种交互类型（学生—学生、学生—学习内容、学生—教师）之说，这显示了"独立学习和自主学习"理论开始与"双向通信和交互作用"理论融合。

其他后来者对该理论体系的丰富和完善也做了很多研究。

（1）弗莱德·萨巴于1994年引用了远程教育、系统动力学和语篇分析等不同领域的知识和方法来验证穆尔的理论模型，他的研究有力地支持了穆尔关于交互影响距离理论的有效性。（2）凡尔登和克拉克（Verduin，J. R. & Clark，T. A.，1991）提出了三维理论模型，该模型把穆尔的“对话”、“结构”和“学习者自主性”作为其理论框架的三个维度。这三个维度分别是对话/支持，结构/专业化，综合能力/自我指导（张秀梅、丁新，2004a）。

2. 双向通信和交互作用理论

这一类教学理论所诞生的实践主要是70—80年代以多种媒体综合使用为代表的第二代远程教育。约翰·A. 巴斯（1979年）最早从当时（20世纪60—70年代）的教育成果——七种教学模式运用到函授教育中的可能性进行了归纳论证，最后得出“函授教育应具有双向通信的功能”这一命题。尔后巴斯又在实践中对命题进行了演绎。还有一个代表人物是霍姆伯格。他依据教育哲学和个人经验，在“独立性”（independence）、“学习”、“教学”三个范畴基础上确立了“应该对学习者进行有指导的教学会谈”这个命题以及13条假设，然后在自己的外语教学中检验这个命题。其理论采用了演绎的论证方式。1995年他又扩充了理论假设，使其具有更强的解释力。代表人物丹尼尔首先根据实践经验概括出两类活动——“独立学习”和“交互作用”，归纳出“两者之间的平衡在远距离学习系统中具有决定性的作用”这个命题，并在实践中说明了这如何影响学生的学习进度和成本投资的结构。

80年代末，又有学者引入了教育心理学中的“控制源”（locus of control）这个概念。许多学者（Altmann & Arambasich，1982；Rotter，1989；David Kember，1995）通过实验研究，归纳得出“那些把自己在专业上取得的成功归因于个人努力的结果的学生有内部控制源（internal locus of control），而且更容易坚持学习”这一命题。尔后加里森和贝恩顿（Garrison，D. R. & Baynton，M.，1989，1992）又考察了“控制”这个概念。认为“控制”不仅仅指“独立性”（independence），它需要在三个因素之间保持平衡：学习者的独立性（能够选择的机会）、熟练性（能力和技巧）和支持（来自他人和材料两方面）。

进入90年代以来，希尔曼（Hillman，Hills）、古娜瓦德娜（1994）等人考察了计算机环境下的交互，在穆尔的“三类交互”基础上增加了第四类交互：学生—计算机界面交互（learner-interface interaction），使交互作用理论在第三代远程教育背景下具有更强的适应性。

3. 虚拟交往与三种存在理论

这一类理论诞生的背景是90年代以来以网络、计算机为主要技术特征的第三代和第四代远程教育实践。代表人物有美国的斯托克·麦萨克（Marina Stock McIsaac）和夏洛特·古娜瓦德娜（Charlotte Nirmalani Gunawardena），加拿大的兰迪·加里森和特里·安德森。该理论学派的出发点都是“社会性情境”（social context）和社会性存在（或社会性呈现，“social presence”）这个范畴，但有两个分支：一个分支的代表人物是斯托克·麦萨克（Marina Stock McIsaac）和夏洛特·古娜瓦德娜（Charlotte Nirmalani Gunawardena），它主要考察远程教育的社会性和文化性，探讨这些现实社会中人的社会性（如性别、公平）及其表现出来的外在信息（如手势、语气、态度等）在媒体所构建的虚拟社区中的再现程度及其产生的影响。其命题是“在以计算机为媒介的传播（Computer-Mediated Communication，CMC）环境下，亲密性（intimacy，如教师的微笑、叫学生的名字、以身作则、鼓励性的反馈等）或非亲密性能够通过言语和非言语传递，能够提高社会性存在”。社会性存在就是一个人在媒介传播中被感受为“真实的”程度，“而社会性存在的程度是学生整体满意度的一项重要指标”。另一分支的代表人物有兰迪·加里森和特里·安德森，他们考察的是这种社会性在媒介中所能体现的程度和受其影响的教育性，其关注焦点是在虚拟学习社区中如何培养学生的认知、批判性思维等议题。他们在计算机支持的远程会议系统中对虚拟探究社区的三种存在（即社会性存在、教学性存在和认知性存在）进行研究，归纳出“在虚拟探究社区中这三种存在相互作用，能够促进有效学习”这一结论，并在实践中证明其有效性。

4. 等效性理论

这一理论诞生于美国本土，背景是90年代末期通信技术在远程教育中的应用。代表人物是席尔（1988）、迈克尔·西蒙森（Michael Simonson）、查尔斯·史洛斯（Charles Schlosser）、丹·汉森（Dan Hanson）和希拉里·佩雷顿（Hilary Perraton）。等效性理论的核心概念是“等效性”（equivalency）、“学习经验”（learning experience）、“恰当的应用”（appropriate application）、“学生”、“学习结果”（outcome）（Michael Simonson etc.，1999）。“等效性”就是指主体校园和远程的学习环境的设计提供给学习者的学习经验是相等的。尽管远程的学习环境不能与主体校园（main campus）一样，但是他们应该有同等的价值。大量的实验研究证明了这一点。从20世纪30年代的广播学习和课堂学习效果比较，到教育电视的应用又到今天网络的应用，结论是同样的：如果你可以通过印刷本或者广播或者磁带或者计算机学习，其效果和向老师学习一样好，那么没有理由反对用其他媒体来代替老师。正如克拉克（Clark RE.，1983）所说的，“媒体只是传输教学的工具而已，它并不能影响学生的成绩，这正如卡车可以运输食品，但却不能改变我们的营养一样”。如果人们认为远程学习经验与传统课堂学习相当，那么远程学习将被更多的人接受而远程教育也将成为主流教育活动的一个组成部分。它建立在美国教育中被视为神圣的核心价值观的基础上，比如引入课堂教师来促进教和学的活动、控制源（locus of control）、小班制、师生之间的情感支持和个性化学习等。更重要的是它使用交互性的通信系统。

（四）人本主义学习支持服务理论

这个理论是笔者单独概括提炼出来的，以往是被划分到“交互作用与通讯理论”中，从属于整个远程的教与学理论。而实践证明这是一个独特的领域，而且从理论上来看的确有其独特性。

在第一代远程教育中，所有的教学活动都浓缩在一个个教学包中，及时的反馈是不可想象的。但第二代基于多种媒体综合使用的远程教育能提供及时的反馈，提高学生保持率成为可能。在此背景下，一直在英国开放大学做学习支持服务研究的戴维·西沃特提出了持续性关注理论（continuity of counselling）。推理有两个前提：最复杂的公共政治中有一个中间调解人是必需的；远距离学习过程同传统教学形式的一般差别是缺乏面授教学形式迅速的教学信息反馈。他把远程教育分别与最复杂的公共政治系统和传统教学形式做了正向和负向对比，采用类比推理法推理出“远距离教育系统在学生个人和教学包之间加入一个中间调解人是必需的”，“远距离教育机构除了提供一个教学包外，还必须具有咨询和教学辅导的功能”，“远距离教育系统保证教学质量的是关注的连续性”。他在实践工作中演绎了这个命题，确实成功地解决了远距离教育系统的老问题——避免了可能产生的高辍学率。

在英国开放大学教育指导与学生支持服务中心（Centre for Educational Guidance and Student Support）工作了25年的欧蒙德·辛普森（Ormond Simpson）教授在1999年提炼概括了“咨询

服务”（counselling）这个范畴。这个术语被用在远程教育领域最早出现于英国开放大学，当时人们用它来指代所有的非学术性的支持服务。辛普森将远程教育学习支持服务与人本主义心理学结合起来，认为以各种形式出现的学习支持服务理论的来源不外乎是人本主义心理学。他总结和提炼了一系列工作经验，以“咨询服务”来包纳远程教育领域里除了课程材料开发和制作的所有学习支持服务，对实践具有很强的指导性（Ormond Simpson, 2004）。

除了以上四大理论体系以外，还有些是对理论进行分层归类的“理论”，实则是对已有理论的综合。比如希拉里·佩雷顿在1987年试图建立一个单一的理论（a single theory），他总结出已有的14条命题并归为四类：5个是关于远程教育能够扩充教育的判断；4个是关于提高对话；5个是有关方法的（Hilary Perraton, 1988）。国内学者丁兴富（2001）也曾把已有的远程教育的理论体系划分为宏观理论、微观理论和哲学理论三部分。他把那些试图涵盖远程教育领域的所有活动的理论学说视为远程教育的宏观理论；而另一些集中论述远程教学和远程学习的理论学说视为远程教育的微观理论。此外，还有对远程教育的合理性及其本质属性进行论证的哲学理论。严格地说，这些都不是真正的理论体系，因为这些分类既不是源自实践归纳的，也没有命题判断，只是一种分类而已。笔者在这里将现有的几个理论进行分类（分为四类）也不是一种理论。在远程教育研究日益兴盛和电子期刊非常繁荣的今天，辨认哪些学说是真正的理论需要十分谨慎。

第二节　远程教育研究方法和方法论

一、研究方法和方法论的重要性

方法论可以分为一般方法论和具体研究方法。一般方法论是理念和哲学层次的。具体的研究方法则是关注操作层面的，强调技术性和技巧性。目前，教育和社会科学的方法论和研究方法既有来自于自然科学的实证主义研究范式又有其自身的解释和经验主义范式。而整个教育科学里，它应用了整个社会科学所采用的一切方法论，产生了自己的研究方法论，对于教育科学的各门子学科还不存在一个独属于它自身的方法论。溯本求源，它们只是综合运用教育科学领域乃至社会科学、自然科学领域的各种方法论和方法，针对具体问题进行不同的组合而已。远程教育学科也是一样。国内学者钟志贤（1997）较早就提及远程教育方法论，美国学者弗莱德·萨巴（2003）也专门讨论过“远程教育的理论、方法论和认识论——一种实证主义范式”，但这些探讨都没有体现出“远程教育”所独有的方法。可见，同其他教育子学科一样，远程教育目前也可以继承和选择使用已有的教育研究方法和方法论开展研究，继而去发现不同子领域、不同问题的研究所适用的具体研究方法有哪些以及还需要创造出哪些操作性的新方法。

二、教育科学的研究方法和方法论

在方法论上，教育科学领域一般有 4 种研究范式：类推—演绎的研究范式；经验—分析的研究范式（实证主义的研究范式）；诠释—理解的研究范式（解释主义的研究范式）；社会批判的研究范式（倡导要行动研究）。

在整个教育科学里，类推—演绎方法比较多见，它是以哲学为基础进行定性分析，属于形而上的分析。经验—分析的研究范式又称实证主义的研究范式。教育研究，作为一种以实证主义为基础的学科探索，最初是以“实验教育学”闻名于世的（胡森，1990）。这种研究方法“以自然科学的方法和程序，尤其是以量化的典范来处理教育现象。量化的基本过程是：研究者事先假定并确立具有因果关系的各种变量，然后使用某些经过检测的工具对这些变量进行测量和分析，从而验证研究者预设的假定。定量研究不考虑主体对研究客体的影响，而追求操作工具的科学性和规范性。实证主义严格区分事实与价值，它认为教育学只研究教育事实，在研究过程中，必须排除先入为主的判断或已有的价值取向，只对客观事物加以描述，只有这样才能不偏不倚地描述事实（或变量）之间的关系。”

诠释—理解的研究范式（解释主义的研究范式）主要用在人文科学中，提倡使用“体验”的方式，主体要全身心地融入客体之中，这样，“理解”和“诠释”就构成了人文科学（或精神科学）的独特方法论。在方法论上，它特别强调研究者深入到现场，在尽可能自然的环境下和被研究者一起生活，了解他们所关心的问题，倾听他们的心声；同时，对他们自己所使用的方法进行深刻地反省，注意自己和被研究者的关系对研究的影响；然后在这一基础上对被研究者的意义解释系统进行再现和建构。在教育科学里，强调采用质的研究方法（或定性的方法）诸如个案分析、参与式观察、人种志的方法等，来诠释或理解教育现象，强调研究主体和客体的互动和融合，客体在和主体的积极互动中被重新建构，否认研究过程中的价值中立。

社会批判的研究范式产生于20世纪60年代后期，社会批判的研究范式多从宏观方面分析教育与社会的关系。在研究方法方面，它以辩证法统合“解释”（explanation）与“理解”（understanding）、量化与质性的研究。依照社会批判研究范式建立的具体研究方法，目前使用较多的是行动研究（action research）。此类研究着眼于变革教育实践，积极征得被研究者的参与，提出双方都认可的改革意见和对策（冯建军，1998）。

国内教育界的冯建军（1998）曾对以上各研究范式做过对比，笔者又补充了相应的研究方法，见表5.2.1。其中有些方法是综合使用多种方法论的，以其归属的主要研究范式为主。

表5.2.1 教育研究范式

研究范式	实践目的	知识构成	理性方式	研究方法
经验—分析	预测和控制	预测性知识	技术理性	实验研究
诠释—理解	诠释与理解	解释性理解	实践理性	个案分析、参与式观察、人种志、比较法、历史法、文献法等
社会批判	启蒙与解放	批判的分析	批判理性	行动研究等

三、远程教育学的研究方法和方法论

“方法有‘专利’，但并非‘专用’。”远程教育领域同样可以使用教育科学的一切研究方法和方法论。在远程教育研究中，各种方法论不是非此即彼，每一种方法论都有其他方法论所欠缺的元素。远程教育研究既需要事实判断，也需要价值判断，因此在研究方法上综合使用具体的量的研究和质的研究方法。但是，已经有研究指出，远程教育研究还缺少基于理论的远程教育研究方法论（Lee，Driscoll，Nelson，2004），“将来远程教育研究者所面临的主要挑战之一就是如何设计适应远程教育理论复杂性的数据收集和分析的方法”（萨巴，2000）。

综合国内外远程教育研究成果，在具体研究方法方面，人物研究法和德尔斐法在远程教育研究中得到了很好的应用。国外较为系统地采用人物研究法的是基更。国内学者丁新带领其研究生做的一系列远程教育“名家巨匠”研究与基更的做法不谋而合。基更曾对远程教育领域的一些知名学者及其代表论著做过系统研究，包括约翰·丹尼尔（1983）、托尼·贝茨（1985）、兰迪·加里森（1990）、格伦威尔·鲁姆伯尔（1993）等人物。

德尔斐法（Delphi Study）就是采用寄发调查表的形式，以不记名的方式咨询专家对某类问题的看法，在随后进行的一次意见咨询中，将经过整理的上次调查结果反馈给各个专家，让他们重新考虑后再次提出自己的看法，并特别要求那些持极端看法的专家，详细说明自己的理由。经过几次这种反馈过程，大多数专家的意见趋向于集中，从而使调查者有可能从中获取大量有关重大突破性事件的信息。在德尔斐方法的运用上，国外比较兴盛。自1993年以来，每隔一年都会有1～2篇博士论文采用此法来研究某一个问题。UMI的PQDD数据库中1993—2004年期间共有9篇题名含“Delphi Study”的远程教育博士论文，还有许多是在论文当中采用此法而没有在题目中显示的，比如“Emerging issues affecting distance education research and practice in higher education: A global futures perspective”。

此外，历史法、比较法和元分析法也是学科知识增加的有力工具。历史法是通过纵向探寻学科和实践发展史来发现规律；比较法是把自身同其他领域或学科、其他国家的相同领域进行比较，为学科增添新的知识；元分析（Meta-analysis）是对具有共同研究目的、相互独立的多个研究结果给予定量分析，合并分析，剖析研究间的差异特征，综合评价研究结果。它可以找出文献中蕴藏的规律和趋势，为远程教育学科发展提供预测和建议。

第三节 远程教育学习支持服务

学习支持服务的研究范畴包括学生保持（或学生辍学），学习支持服务的规划和管理，学习支持服务的工作技巧，学习支持服务的工作范围，学习支持服务的地位。这方面的代表人物有：大卫·西沃特，艾伦·泰特，欧蒙德·辛普森等。学习支持服务的理念和实践首先在英国诞生，而英国开放大学的学者秉承了良好的传统，在学习支持服务领域能执牛耳。对这一领域研究的基本情况介绍如下。

一、基本认识

（一）历史渊源

1858 年英国伦敦大学开始提供一系列校外学习计划，它打破了当时一些传统学校比如剑桥大学的做法，让学习场所与学校分开，甚至考试考生都不必亲临学校。因此，伦敦大学也被称做是第一所“开放大学”（Bell and Tight, 1993）。而 1887 年成立的伦敦大学函授学院（the University Correspondence College）则是最早学习支持服务的起源。创立者威廉·布里格斯（William Briggs）以敏锐的洞察力开拓了这项事业，为伦敦大学的校外学生提供一系列服务，包括邮寄函授学习方案，在伦敦和剑桥提供面授教学，提供短期的住校学习，帮助学生学习开发，出售特别编写的文字教材（De Salvo, 2002）。布里格斯的这些创举预示了 1870—1995 年间的现代远程教育（modern distance education）所采用的一系列服务形式，而且这个体制非常有效（Alan Tait, 2003b）。后来的英国开放大学采用的就是这样一套体制，而这套体制也在世界各地的远程开放大学中作为惯例确定下来。英国开放大学在实践中创造了“学生支持”（student support）一词，此外还有 guidance，advise 这些词。起初他们用 counselling（心理咨询），后来因有“心理疗法”之嫌，就改用了“学生支持”，主要是用来指代非教学辅导方面的支持（Ormond Simpson，2004）。“学生服务”（student services）这个术语可以说明教师不是独自一人面对学生，教师也要由一个团队协作（a team of staff involved）来支持他的教学工作（泰特，2003）。学生服务和学习者服务（learner services）有时是有区别的，前者指辅导（tutoring），后者指管理上的（administrative）和个人方面的（personal）支持（即系统性的和情感性的支持）（Roger Mills，2002）。此外，“指导”（guidance）是指在正式学习某门课之前所做的一些非学术性支持服务活动。《在线、开放和远程学习中的学生保持》（Ormond Simpson，2004）一书详细阐述了不同环境下两种学习支持服务的各种技巧。

（二）认识深化

较早的有影响的理论包括霍姆伯格的“教学会谈”理论和穆尔的“交互作用距离”与“教学对话”理论，这两个理论都描述了在师生距离很大的情况下学习发生的方式（Tait，1996）。

西沃特把学习者支持看做是能够让学生利用机构提供的各种服务的一种手段。学生支持者就是“中介人”（intermediaries），他们能够听懂学生的问题并对复杂的行政机构（bureaucratic organizations）的办事程序及材料作出解释。西沃特将课程开发的管理模式比做制造业，而把学习支持服务比做服务业，在这里顾客就是上帝。学生服务活动的生产和消费是同步的，在这里教师和学生都要积极参与（David Sewart，1993）。

辛普森说，现有的有关学习支持服务的理论是比较松散的。但是他猜想这些理论都应归功于以不同表现形式出现的、有关“咨询服务”（counselling）的观点。咨询服务有不同流派，大致可以分成两派：人本主义或以个人为中心的咨询服务和行为主义治疗模式。前者注重帮助个人澄清自己的感情并自己做决定。这主要源于美国人本主义心理学家卡尔·罗杰斯（Carl Rogers）的理论（又称罗杰斯学派），其咨询的主要原则是源自于“积极倾听”和“无条件积极关注”，通过“移情”的方式理解学生的感情和需要。其他的学派还有 Fritz Perl 创立的格式塔疗法，注重非言语表达和感情的外化。这种方法基本上是心理疗法。行为主义咨询则试图去改变人的行为，而不去管他的感情。这种方法适于智力治疗而不是情感治疗。在学习支持服务中，这两种方法可以综合使用（Simpson，2004）。

（三）分类

艾伦·泰特把学习支持服务分为三类：系统的（或组织的，systemic or organizational）、情感的（affective）和认知的（cognitive）（Tait，A.，2000）。辛普森则把学习支持服务分为教学支持服务和除课程材料制作和传递以外的非教学服务这两个部分。第一类学术性支持服务（academic support or tutorial support）主要涉及对学生在具体某门课或一组课当中在认知、智力和知识等方面的支持。第二类学习支持服务或咨询服务（counselling），这主要包括给学生提供情感性和管理性的支持。二者又可以进一步细分，学术性支持服务又包括：课程范围的界定；概念的阐释；课程的探讨；反馈——正式或非正式的作业；培养学习技能，比如算术和读写能力；追踪学习过程，在整个课程过程中跟踪学生的学习过程；拓展活动——扩充课程材料，分享学习的喜悦。非学术性支持服务包括：建议——提供信息，解释问题，提供建议；评定——对学生在非学术性方面的能力和技巧给予反馈；行动——提供实际的帮助提高学习成绩；倡导——制作经济支持的个案，写推荐信；鼓励——促使机构产生变化以使学生受益；管理——对学习支持服务进行组织管理。其中只有前 3 个方面与学生有直接的关系（Simpson，2004）。

二、ICT 背景下学习支持服务的变与不变

（一）变化的

泰特和米尔斯认为目前信息传播技术（ICT）背景下开放远程教育中的学习支持服务发生的变化包括 4 个方面（Alan Tait，Roger Mills，2003a）：①今天 ICT 对学习者所想要的东西有什么影响，机构能提供些什么，相应的需要做出哪些机构调整？②学生的身份转变为消费者；③教育政策方面要求招收越来越广泛的社会民众，尤其是那些以前没有接受过教育的人；④需要以更复杂的办法来处理与工作相关的学习计划，使工作场所变成学习地点，需要更为复杂的评价方法。

索普说，“人们以往都认为课程开发制作子系统与学习服务子系统这两个子系统是独立的，现在 ICT 的到来消除了两者之间在理论上的区分，而理论也需要进一步发展来展示学生支持变化的本质属性”（Mary Thorpe，2002）。以往课程开发在前、学生服务在后的做法应该改变了，似乎应该倒过来，在课程开发的时候就要按照学习服务的要求来设计课程资源。

罗杰·米尔斯也认为，课程开发能够赚钱而提供学生服务需要花钱的观念应该转变，学习者服务是能够为机构带来很多利益的。人们应转换观念，以往处于外围的学生服务现在应该走向中心。

（二）不变的

成熟的学习支持服务理论和经验几乎全都诞生于英国开放大学，当然它自身也借鉴了之前伦敦大学的校外学习制度和迈克尔·杨（Michael Young）创立的英国国家拓展学院（the National Extension College）的经验。在 1971—1997 年之间英国开放大学

秉持了以下学习支持服务传统并取得了很好的效果。

（1）每个学生都有一个个人辅导老师，小组人数不超过25人，这样可使学生有充分的机会学习知识，获得支持和理解，在整个课程学习过程中能够有所成长。（2）辅导教师给予教学反馈和批改作业，在支持学生学习的过程中扮演着关键的角色。（3）所有的学生都有机会参加面授辅导，但不是强制的，采用的是计算机支持的辅导教学，由辅导教师来主持。（4）分布在英国各地的大约260个学习中心组成的网络为这种面授提供机会，它们从属于13个地区中心，这样保证了学生能够感觉距离在英格兰总部的大学并不遥远。（5）适量的住校学习经验是必要的，至少也要有一周。（6）1971—1997年所有的本科生，或者说绝大多数的本科生都有一个个人辅导老师和咨询老师在整个学习过程中为他们提供支持和建议，提供所谓的“持续性关注”（Tait，1998）。

尽管英国开放大学的体制与其最初的规划相比进行了很大的调整，但是辅导教师的核心角色（辅导至多25个学生，既教学又批改作业）仍然被视做是学生支持的核心。学习、教学和学生服务仍是问题的核心，也应该如此（Alan Tait，2003b）。

三、研究范畴

泰特在“英国开放远程学习中的学生服务的规划”一文中给出了一个管理框架，包括6个要素，见图5.3.1。

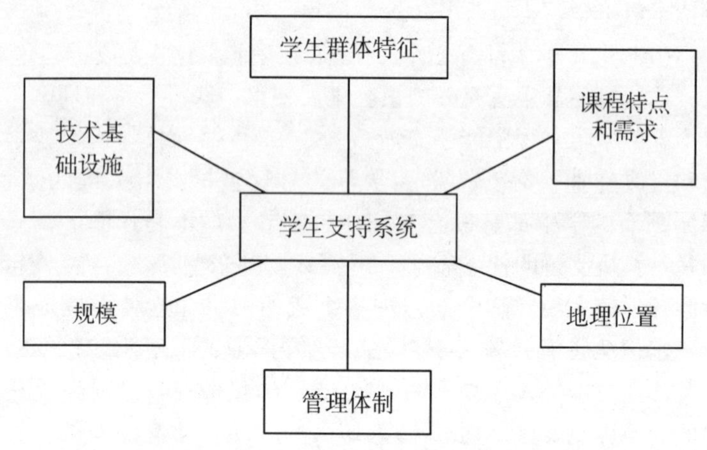

图 5.3.1　学生学习支持服务系统设置框架（Alan Tait，2000）

这 6 个要素是有机组合在一起的，缺少任何一个都不完整，而且在规划其中任何一个要素的时候，都要兼顾其他 5 个要素的情况。参照目前的各项有关学生服务的研究，这 6 个要素除了“地理位置”，其余 5 个要素均可以作为研究的基本范畴。此外还有以下几个需要研究的方面：

1. 学生服务系统的要素

学生服务系统的要素也是其工作范畴，包括问询、学前咨询和注册事项，教学辅导（tutoring），咨询服务和学生支持（管理性和情感性的支持服务），学习中心（可以有许多组建模式，比如租赁制、合营制、专一制、社区公用制等）（Tait，2000），学生评定。每一个环节都是一个小的研究范畴，对此辛普森有非常详尽透彻的研究。

2. 学习支持服务与教学交互的融合

康涅狄格远程学习联盟（The Connecticut Distance Learning Consortium）的执行主席 Ed Klonoski（2004）说：“网络教育是

一项充满机会的产业，其中学生服务是领头羊，它不仅是学校的一种责任，更是一个产业。”从这个角度来看，学习支持服务应该是一个比较独立的系统。但在实际运作中，学习支持服务也将教与学的支持纳入工作范畴，这样学习支持服务与交互（教与学领域）领域的研究就出现了很多的重合点。比如辛普森将交互看做是学生服务的3个功能要素之一[①]。在2004年欧洲远程教育联盟（EDEN）召开的第三次研讨会上，泰特教授也提出将学习支持服务关系仅存在于师生交互的过程中这个特点列入学习支持服务的4个发展趋势之一。

3. **学生保持**（student retention）

远程教育学生的保持率与传统教育相比要低很多。学生保持与学生服务有很大的关系，研究学习支持服务不可能不面对学生保持这个问题。要简单地辨识学生学习支持与学习成果的因果关系也绝非易事。虽然没有数量函数关系，比如增加多少学习服务，就会减少几个百分点的辍学率，但两者有十分紧密的联系是肯定的。

第四节　远程教育管理

一、远程教育功能子系统

穆尔和格塞林（Kearesley）认为，系统方法在理解远程教育这一研究领域方面特别有益。对于远程教育管理研究来讲，采用

---

① 另外两个是时间与时长以及学习者个人特征（包括性别、年龄、家庭情况、就业情况、可以自由支配的收入、教育背景、地理位置、语言、种族和文化特点等）。

系统方法更为合适。

“远程教育系统的两个明显的子系统是课程开发和学生支持服务，后者的必要反馈机制是教育所独有的特征，不然就与出版社和材料开发商没什么差别了。”（Keegan，1996）

凯（Kaye，1981）对远程教育功能子系统的划分非常精辟透彻。他将远距离教育系统划分为学生、课程、决策和控制、后勤4 个子系统。从管理学的角度看，组织从事的各项活动可以归为两类：作业活动和管理活动。而这里的前两个子系统，即学生和课程是直接与产出有关的，属于运行系统，从事的是作业活动，而后面的决策和控制与后勤系统则属于管理系统，从事的是管理活动。远程学习系统的主要产品是课程和学生。

按照英国开放大学的成功经验以及在鲁姆伯尔早期（1979）对远程教育机构系统分析基础上（1982），吉奥夫·彼得斯（Geoff Peters，2003）把远程教育的功能系统分为 4 个子系统：（1）以学生为中心的交互性学习材料。（2）积极主动的学生支持服务和辅导建议咨询服务。（3）研究和反思，包括两类：一类是各门课、各个专业的学术研究。另一类是针对远程教育组织本身运行系统的研究，旨在提高远程教育机构的质量和效率。（4）有效的后勤服务，譬如网络租用、人事管理、财务管理等。统整这四大功能模块的是一组质量体系。这个分类简单明了，系统性和概括性都很强。鲁姆伯尔（2000）又将远程教育系统划分为 4 个功能系统，即材料子系统（开发——制作——发送——接收）、学生子系统（宣传——注册——教学——评定——认证——支持和信息登记）、调控子系统（计划/决策）、后勤子系统。

从这些分类中，我们可以看出基本的子系统是课程子系统、学生服务子系统和后勤子系统。

二、管理结构分类

远程教育机构有多种不同的组织管理结构。最早对远程教育机构分类进行研究的是基更。在第三代远程教育尚未出现之前，他将远程教育机构分为两类，一类是自治的机构，另一类是混合的机构。前者又分为两个小类：私立和公立的函授学校和学院、远程大学或开放大学；后者分为三小类，包括美国、加拿大等国家的大学里设置的拓展学院的独立学习部门，波兰的咨询模式，澳大利亚的整合模式或新英格兰模式（Keegan，1993c）。

笔者在已有的分类基础上将远程教育机构进一步细化，整合成新的分类。它包括3类模式和8个子类。第一类模式是自治的“专一模式”及其4个子类，这些都是完全致力于远程教育的机构；第二类模式是常规院校中的“共生模式”及其两个子类，这些是部分致力于远程教育的机构；第三类模式是联盟性质的“合作模式”及其两个子类，这种模式院校综合了专一模式和共生模式各自的优势。表5.4.1给出了各类模式的名称、性质、子类和代表院校。

表 5.4.1 远程教育办学组织管理模式分类

模式	治理结构	子类	实例
专一模式	自治的，单一实体	函授学院（第一类）	瑞典马尔默（Malmö）的 Liber-Hermods①、斯德哥尔摩的 NTI 学院；新西兰的函授学校（The Correspondence School）② 等
		单一模式的远程大学（DTU）（第二类）	以英国开放大学为代表的 19 所巨型大学（20 世纪 70 年代以后建立的开放大学、南非大学等），美国的凤凰城大学等
		虚拟大学（VU）（第三类）	琼斯国际大学（Jones International University），英联邦小国虚拟大学（VUSSC）③

① Hermods 成立于 1898 年，是瑞典最早的远程教育组织，当时主要开展函授教育，迄今已有 400 万瑞典人在该公司就读过，现有 10 个教学点，每年招收约 6000 名学生。公司的现任 CEO 是 Keith Fransson（2005 年起任），http://www.hermods.se/。

② 新西兰的函授学校是该国最大的一所学校，1922 年成立，其创建的目的是为弱势的孩子提供教育。该校提供学前教育至高中教育间的各层次教育，学习者既有全日制的也包括国内其他省份所属学校的远程学生。2003 年，共有 8614 名全日制当量的学生，各类学生总数为 18999，现任 CEO 是 2006 年 8 月就职的 Mike Hollings，http://www.correspondence.school.nz/。

③ 英联邦小国虚拟共同体的思想是在 2000 年英联邦教育部会议上提出的，之后由 COL（英联邦学习共同体）负责协调该联盟的创立和发展，成员包括 30 个英联邦小国家，旨在使用 ICT 促进成员国的教育发展和合作。2008 年 2 月在新加坡专门讨论制定《跨国学历资格认可框架》。

续表 5.4.1

模式	治理结构	子类	实例
专一模式	自治的，单一实体	中介代理式组织（负责远程教育服务流程中的某一个或几个环节，多数是盈利性的公司）（第四类）	澳大利亚的 distanceXchange 集团①，中国的奥鹏公共服务体系
共生模式	常规院校中某个教学院系或远教/成教部门	独立式（独立的远程教育院系或中心，也称双轨制）（第五类）	1891 年芝加哥大学首先创立的函授学院，南澳大利亚大学的灵活学习中心，美国得克萨斯 A&M 大学的远程教育办公室，哈佛大学的继续教育学院，我国 67 所高校的网络教育学院等
		嵌入式（或称混合模式，即全部或部分教学院系同时招收全日制和远程业余制两种学生）（第六类）	澳大利亚的新英格兰大学，美国的亚利桑那州立大学、新墨西哥大学、阿克拉荷马州大学、斯坦福大学、Duke 大学，我国大部分高校内部开展函授教育的教学院系等

① 该集团成立于 2001 年，专门负责提供合作院校的专业课程信息，为可能报读的远程学习者提供各种学前咨询服务，包括选课、选专业、选学校等前端的注册咨询服务，这些服务免费。

续表 5.4.1

模式	治理结构	子类	实例
合作模式	多组织共治	专一模式大学之间的合作（第七类，类似于行业协会）	欧洲远程教育大学协会（European Association of Distance Education Universities，EADTU）；美国虚拟教育理事会（the American Council for Virtual Education，ACVE）①；英国开放大学与荷兰开放大学以及丹麦、德国和法国等国家共同开发课程的合作项目
		常规院校之间的合作（第八类）	中国的教师教育网络联盟；美国远程教育联盟（American Distance Education Consortium，ADEC）②；美国许多州的由二年制以上高等院校组成的州级虚拟联盟，如得克萨斯虚拟学院（TACC）、南卡罗莱那远程学习合作联盟（sc-partnership）

① 2002年2月，一些来自科罗拉多、康涅狄格、伊利诺伊、印第安纳、密歇根和明尼苏达州的虚拟学习领导聚在华盛顿首府，成立了美国虚拟教育理事会（ACVE），旨在促进虚拟教育的发展、引导全美国的虚拟教育发展方向、制定相关的政策、提供全面的市场信息等。

② 由美国65所州立大学和赠地大学组成，主要提供这些大学已有特色专业的远程教育，比如食品与农业、营养与健康、环境和自然资源、社区和经济发展等。

续表 5.4.1

模式	治理结构	子类	实例
合作模式	多组织共治	专一模式 + 常规院校（第九类）	中国的中央电大和部分高校的合作，美国的斯隆联盟①（the Sloan Consortium，Sloan-C）、美国远程学习协会（the United States Distance Learning Association，USDLA）②、欧洲远程和网络教育联盟（the European Distance and E-Learning Network，EDEN）③、加拿大创新教育联盟（the Canadian Network for Innovation in Education，CNIE）④ 等
合作模式	多组织共治	办学院校 + 企业/政府部门/中介代理组织……（第十类）	……

① Sloan-C 由 Alfred P. Sloan 基金会创建，联合发布成员院校（已被认证的）远程教育专业目录，通过办学术杂志（Journal of Asynchronous Learning Networks，JALN）、发布评估报告（Sloan-C View）、开展科研、举办会议和研讨班、颁发奖项、为成员院校提供信息服务、专业咨询、人员培训等多种服务，此外还提供设备和工具。Sloan-C 实际上就是一个为成员院校服务的非官方联合会。

② 与 Sloan-C 相比，这个组织带有官方的性质，是非营利的组织，主要分析和制定全国性的远程教育政策，同时还开展科研，为成员服务。

③ EDEN 成立于 1991 年，成员包括普通大学、专一模式的远程大学、企业和协会等多种机构，成员分布在欧洲、北美、拉美、非洲、澳洲。办有专业杂志 European Journal of Open，Distance and E-Learning（EURODL）。

④ 该联盟由原来的加拿大远程教育协会（the Canadian Association for Distance Education，CADE）和 AMTEC 合并形成。

至于哪一种模式更有竞争优势，国外学术界已有争论，但尚无定论，然虚拟大学和联盟形式的大学将会更多（Otto Peters，1999；Rumble，2000）。在教育全球化的今天，远程教育也需要在竞争中谋求合作。远程教育这一系统的劳动分工性和灵活性比较明显，如果系统规模非常庞大则不易管理，因此要与许多专门的服务商（如学习支持服务商、课程开发商等）合作，以分担压力，更好地凸显其核心竞争力。合作的动力可以来自学生对高质量服务的永恒追求，来自对技术的不断进步所带来的新的发展机遇，更多来自于各远程教育机构、组织分享经验和技术，开拓新市场，减轻竞争压力，追求卓越的不竭动力。但合作不是万能的，还要考虑文化、经济、政策等各种因素。

三、机构内部管理

在后现代社会背景下，以往层级严密的集中式内部管理体制也需要改革，朝着扁平化和民主化（post-bureaucratic）方向发展：将学生当做是顾客，为他们提供灵活多样的、个性化的、周到的服务（丹尼尔，1996；鲁姆伯尔，2000；泰特，2000）。诚如泰特所言，现在的媒体和大规模远程教育提供方基本上是现代主义（modernist）组织，是大规模的层级结构，以标准化的方式提供标准化的产品。这种方式将不再受欢迎。在后现代主义社会，用户至上、全球化和民主化的组织管理是主旋律。远程教育管理结构将更趋灵活性和民主化，对每个人都能作出相应的反应。许多机构正朝向着这个方向发展，比如凤凰城大学就经常对学生进行调查，以了解他们的需求和意见。

远程教育系统包括很多具体的管理活动，比如机构间的合作和协作、为远程学习者设计教育活动、教师培训、评定教育结果等。俄亥俄州托莱多大学的丹尼尔·P. 考帕拉（Daniel P. Compora，2003）在对几所大学的远程教育项目研究之后，提出了远程教育管理运作模型：ABCDEFGHI 模型。这 9 个字母分别代表需求分析（Assessment），预算（Budget），协调（Coordination），教学传输方法（Delivery Methods），评估（Evaluation），教师参与和培训（Faculty Involvement and Training），发布任务使命声明（Generate a Mission Statement），层级批准制度（Hierarchical Approval System），支持系统的运行（Implementation of Support Systems）。统率管理系统的是管理者和领导者的能力，它包括设定愿景、战略规划、决策、领导、沟通、激励、监控、组织等主要活动。托尼·贝茨在《领导技术变革：给学术领导者的战略建议》（*Managing Technological Change: Strategies for Academic Leaders*，1999）一书对机构内部管理有详尽的阐述。对管理者的研究将在后面“远程教育参与者”一节中再作论述。

四、经济学成本分析

管理与经济不分家。丹尼尔就曾运用价值链方法来分析英国开放大学的管理结构和成本分担情况。远程教育经济学成本分析属于远程教育管理的一部分，可以研究的内容十分丰富，比如怎样分析成本？成本包括什么？网络教育如何才能具有较高的成本效益？哪些因素影响成本效益？将会出现哪种组织结构？这些都是远程教育经济学成本分析要研究的问题。

在这里我们主要介绍这些专家在成本分析领域的主要成果，见表 5.4.2。当然他们也做过效益分析。由于效益分析所采用的测量标准比较复杂，一般都由专门的研究人员来做，在这里不作详细探讨。

表 5.4.2　国际远程教育经济学研究代表人物

代表人物	简介
Leslie Wagner 1972	早期对英国开放大学的各项成本进行核算、分析和比较
Hilary Perraton 1982	在英国开展经济学成本分析的著名专家，有很多专著，主持了许多经济学成本分析的大型项目
Greville Rumble 1988	英国本领域开拓者，也是开展远程教育经济学成本分析成果最多、影响最深的著名专家
Tony Bates 1995	加拿大远程教育专家，以远程教育经济学分析和教育技术应用战略著名，其 ACTIONS 模型成为许多成本分析者使用的框架
Thomas Hülsmann 1997	德国 Carl von Ossietzky 大学远程教育中心副主任，以项目研究为主，有关成本分析的个案研究非常出色

（一）莱斯利·瓦格纳（Leslie Wagner）

1. 人物简介

英国开放大学创建之初就综合运用了第一代基于印刷媒体的函授教育和以广播、电视为代表的第二代远程教育的技术手段，旨在提供大众化高等教育。一些我们耳熟能详的远程教育经济学成本优势的论断很多都源自对英国开放大学这所单一模式远距离教育大学的个案研究。而这些成果的主要产出者就是莱斯利·瓦格纳，许多后来的经济学研究都从中受到了启发。他当时是英国开放大学的经济学讲师，利用专业背景优势对英国开放大学进行成本分析，其代表作有①“英国开放大学的经济学分析”（Higher Education，1972）；②“开放大学和高等教育扩张的成本”（Universities Quarterly，1973）；③“成本分析与教育媒体决策”（Cost Analysis and Educational Media Decisions，Research Working Paper Number Nine，1980）；④“教育媒体的经济学分析”（The Economics of Educational Media，1982）。

2. 主要研究成果

莱斯利·瓦格纳在1972年对英国开放大学成立后前三年运营所消耗的成本进行了分析，结果显示：与其他传统高校相比，英国开放大学培养一名本科生所需要的成本只有传统高校的三分之一（Leslie Wagner，1973）。他给出了英国开放大学的成本函数：$C = a + bx + cy$，其中C代表总成本，a代表固定成本，x代表课程数量，y代表学生数量，b和c都是常量（Leslie Wagner，1977）。他指出，开放大学若提供大而全的课程将失去一些成本优势。英国开放大学的主要成本优势其实在于那些选课人数非常多的基础课上，也就是说基础公共课成本非常低；课程每4年修订一次比较合适；英国开放大学成立头三年的目标不是随着学生人数的增加而开发更多的课程，而是在学生数不变的情况下增加新课程，这是一种稳妥而不激进的做法。传统大学里教学方面的成本主要取决于讲师和可以接受的师生比，增加学生必然要增加教师；而开放大学的主要成本（即固定成本）与学生数无关，教师多少主要与课程数量有关，与学生多少无关。一旦课程开发、制作完成，学生的增加所引起成本的增加主要是印刷、邮资费用，平均成本会随着学生的增加而显著下降。

瓦格纳分析了生均成本和边际成本，把开放大学的人均成本与传统大学进行了比较，指出了开放大学3个明显的成本优势。一是它的学生是在职业余的，这也是英国开放大学对其远程教育的定位。如果系统招收全日制学生开放大学就会丧失它的成本优势，因为全日制形式不可避免地使学生丢掉工作，代价太高。二是采用了函授和广播手段，固定成本虽高但可以实现很大的规模经济，边际成本很低，可以招收更多的学生。三是学生不必到学校学习，节省了交通费、住宿费和伙食费等杂费。他对英国开放大学的生均成本计算后，得出这样的结果，即每增加一个学生，传统学校每年要新增300英镑的投入，而英国开放大学只需要增加100英镑即可，也就是说，开放大学的生均成本仅为传统大学的三分之一。

（二）希拉里·佩雷顿（Hilary Perraton）

1. 人物简介

希拉里·佩雷顿从1971年就开始从事远程教育工作，他在远程教育的政策制定、计划、评估和成本分析方面都具有丰富的实践经验。他领导创建了“联邦学习联盟”（或称“英联邦学习共同体”，Commonwealth of Learning），担任国际开放学习研究基金会（the International Research Foundation for Open Learning）的主任，2002年被任命为英国学术委员会（Commonwealth Scholarship Commission）委员。其经济学代表作有：①《远距离教育成本》（*The Cost of Distance Education*，1982）；②《通往正规教育的另一种途径：与校园教育同等质量的远程教育》（*Alternative Routes to Formal Education*：*Distance Teaching for School Equivalency*，1982）；③《远程教育成本比较：规模相关性》（The Comparative Cost of Distance Education：the Relevance of Scale，AAOU，1993）；④《开放远程系统的规划与评价》（与Thomas Hülsmann合著，1998）；⑤《发展中国家的开放与远程教育》（2000）。

2. 主要研究成果

佩雷顿在许多发展中国家做过研究项目，在开放远程学习成本分析方面有着丰富的经验。他是英国国际开放学习研究基金会（International Research Foundation for Open Learning，IRFOL）[①] 中心的主任，负责主持过欧盟“苏格拉底项目”中对欧洲开放远程教育进行成本效益研究（两年）的项目。对于成本计算，他

① IRFOL隶属于“英联邦学习共同体”，主要为政策制定者、实践工作者和研究人员服务。

特别指出了生均成本和毕业生成本的不同，“许多情况下，我们进行成本比较时都没有考虑结业率，只考虑了入学/招生人数，因此得到的是生均成本，而不是毕业生成本”（Perraton，H.，2000a）。IRFOL（1997）的研究就是沿着这两条线做的：一条是成本分析，另一条是管理。该基金会还研究了技术的成本行为，指出对于不同的技术，其成本和成本结构是不同的，特别在以下几个方面：①固定成本和可变成本的比例及相应的使用规模；②启动使用时的投资水平；③首次开发和学习指导需要教师花费的时间；④大致的成本水平。

佩雷顿在其论著中提到远程教育的教育性基础是媒体等价性（media equivalence）理论，也就是不同教育媒体的效益没有显著的差异。

（三）格伦威尔·鲁姆伯尔（Greville Rumble）

1. 人物简介

格伦威尔·鲁姆伯尔是英国开放大学远程教育管理学教授，主要研究远程教育的管理和经济学问题，在远程教育经济学方面论著颇丰，代表作有：①《远程教育规划》（1979）；②《财政与资源预测》（Rumble G，M Neil & A Tout，1981）；③《远程教育成本分析》（1986）；④《远程开放教育的成本和成本分析》（1988）；⑤《远程教育系统管理》（1992）；⑥《开放远程教育的成本与经济学》（1997）；⑦《网络学习的成本及成本分析》（发表在《异步学习网络杂志》第5卷第10期上，2001）。他实践经验丰富，学术视野开阔，批判性思维很强，在学术性或理论研究方面也颇有建树。

2. 主要研究成果

鲁姆伯尔对远程教育经济学的发展做了许多基础性的工作，包括诸多概念的界定和澄清。譬如，他对“效益”这个概念的解释是，“从广义上来讲，效益是与结果联系在一起的。如果培训的结果（output）满足了客户的需求，则它是有效的。如果培训结果满足了客户的需求，同时所花费的成本又比其他同类机构为达到同一个标准所付出的少，那么这个培训就是高成本效益的”（1988）。鲁姆伯尔（1997）还给出了成本效益比较的4种方法。第一就是依照绝对标准来测量效益。效益被界定为实际产出与可能产出或理想产出的比值。比如，理想的产出结果可以是所有的学生都通过课程考试。第二种办法是测量相对效益。两个相似课程由于采用不同的网络学习方式而产生不同的及格率，用一门课的及格率去除另一门的及格率就得到了相对效益比值。第三种办法是衡量学生表现（performance）的质量。通过对学生进行课程的前测和后测，比较测试结果，来检验学生的进步程度。第四种办法就是计算不同权值变量的平均得分。采用此种方法，总效益比率就可以通过计算不同的变量得到，比如学科知识、理论技能、应用技能和态度。鲁姆伯尔（1988b）在把远程教育与常规教育的成本效益进行比较时强调，只有在以下条件下，规模经济才有可能：①在同等教育层次上生均可变成本要低于传统教育系统；②学生规模足够大，以使生均成本低于传统教育系统；③辍学率要保持在比较合理的低水平上；④固定成本要保持在与传统教育有竞争优势的水平上。

鲁姆伯尔建构了一个三维成本分析方法（见 http://iet.open.ac.uk/research/events/ resources/greville_ rumble_ 6 - 12.ppt，2000）。一维是功能系统，包括材料子系统（开发——制作——发送——接收）、学生子系统（宣传——注册——教学——评定——认证——支持和信息登记）、监控子系统（计划/决策）、后勤子系统；一维是会计核算项目，包括职员、设备、建筑物、库存；还有一维是成本消耗对象，包括机构、职员和学生（见图5.4.1）。

鲁姆伯尔（Rumble，1998，2000）认为，远程教育的成本函

学生
职员
机构

	职员	设备	建筑物	库存	总合
材料子系统					
学生子系统					
后勤子系统					
监控子系统					
总系统					

图 5.4.1　远程教育系统三维成本分析模型

数不但要考虑学生规模，还要考虑其他起作用的因素：开设的课程数量（这影响材料开发和制作方面的投资水平），课程使用年限以及材料需要重新制作的周期，所选择的技术媒体，个别化和小组学习支持的水平，组织管理结构，工作实践（working practices），内部人力资源情况和雇佣协议的性质等。

鲁姆伯尔还把他的学术研究成果应用到了实践当中，亲自做了大量的实证研究，《网络学习的成本及成本分析》（2001）一文就是很好的体现。

（四）托尼·贝茨（Tony Bates）

1. 人物简介

托尼·贝茨曾于 1990—1995 年在加拿大不列颠哥伦比亚省的开放学习处工作（Open Learning Agency of British Columbia），之前在英国开放大学（UKOU）工作。他曾为 30 多个国家做过咨询工作。1996 至今在加拿大不列颠哥伦比亚大学（UBC）工作，担任 UBC 继续教育处远程教育与技术系主任，同时兼任

UBC的高等教育学习技术计划与管理国际中心主任。贝茨在1996—2000年间作为一个国家项目的主持人研究了远程学习的成本分析，这个项目得到了加拿大政府的远程学习国家卓越中心（Tele-Learning National Genters of Excellence，TL＊NCE）及学习技术办公室（Office of Learning Technologies，OLT）的资助。1997—2000年他作为项目主持人又研究了OLT资助的项目“技术对成人学习者的影响”。后来又主持做OLT资助的“学习技术的成本和效益”项目（2001—2003）。他发表了350余篇论文，著有6本书，其中4本是：①《远程教育技术成本分析：构建一个新方法》（1994）；②《技术变革：高等院校领导的应对策略》（2000）；③《技术、开放学习和远程教育》[①]（Technology，Open Learning and Distance Education，1995）；④《国家中等后教育与培训中的电子化学习战略》（National Strategies for E-learning in Post-secondary Education and Training，UNESCO，2003）。

2. **主要研究成果**

贝茨指出，影响成本的因素包括固定资本（即固定资产）和运营成本（包括管理费、材料的制作数量）、制作和传输成本、使用学习材料的学习者人数及这些教学材料可供使用的时间长度等。而效益（benefits）分析主要从3个方面来考虑：绩效收益（performance driven benefits），譬如学习效果、师生满意度、投资收益率等；教育价值收益（value driven benefits），包括增加的入学机会、灵活性和易使用性等方面；社会收益或增值收益（societal or value added benefits），包括交通量和人口的减少、失业的减少、产生的潜在新市场。关于效益的分析和考量角度比鲁姆伯尔的更进一步，综合性更强。

① 本书获得了美国大学继续教育协会“查尔斯·魏德迈奖”（UCEA's Charles Wedemeyer Award）1995年度最佳著作奖，著名的ACTIONS模型即出自该书。

依照美国、英国和加拿大的实践情况，贝茨还运用 ACTIONS 模型（这在本章第八节有解释）分析了不同技术的成本结构、使用性能、独有的教学功能和交互性以及机构需作出的相应变革等。他认为终身学习必须围绕着新的通信技术进行改造。传统教育和远程教育的区分将不再有任何意义。

对于在成本分析中如何处理管理成本，贝茨也有独到的见解。他认为，要得到真实的成本就要估算花费在每门课上的时间和精力，包括管理成本。对技术进行成本分析时，最难的是如何分配这些间接成本或管理成本（indirect costs or overheads）。间接成本除了包括物理设备和设施的成本，还包括管理人员的薪金成本。最好把间接成本（管理费用）分配到课程或计划上，而且这样能够被潜在的用户所均摊。但是估算管理成本并把它分配到教学活动中是非常复杂的一件事，许多机构在分析课程成本时不愿去分配这些管理成本。此外，贝茨还提到对共享成本（shared costs）的处理。通常情况下不同职能部门要使用共同基础设施，比如校园网等设施，一般远程教育在这块分摊的共享成本是零，但是当远程教育对这些设施的边际成本非常显著时，远程教育也要分担自己使用的那部分成本。

（五）托马斯·赫尔斯曼（Thomas Hülsmann）

1. 人物简介

德国远程教育学者托马斯·赫尔斯曼有着数学硕士的背景，曾是德国奥尔登堡市 Carl von Ossietzky 大学远程教育研究中心的副主任（1999—2005 年）。1996 年赫尔斯曼加入希拉里·佩雷顿担任主任的 IRFOL，对一些欧洲国家的远程教育进行成本效益研究，比较了采用不同媒体技术的课程成本[①]。赫尔斯曼还担任美国马里兰大学学院（UMUC）《远程教育经济学》课程的教学工作，其代表作有：①《开放远程学习系统成本效益研究综述》(Literature Review on Cost-effectiveness in ODL Systems, IRFOL, 1997)；②《开放远程学习系统的规划和评价》（与佩雷顿合著，1998)；③《远程学习的成本》（1999)；④《开放学习成本手册》(*The Costs of Open Learning: A Handbook*, 2000)；⑤《远程教育成本分析：管理者指南》(*Costing Distance Education: A Guide for Managers*)。

2. **主要研究成果**

托马斯·赫尔斯曼所做的"开放远程学习系统成本效益研究综述"（1997）是目前本领域最完整、最系统的综述。《开放学习成本手册》（2000）采用了以学生学时（SLH：Student Learning Hour）作为成本比较的标准测量单位，在以下两种情况技术之间做了成本比较：①技术作为资源媒体；②技术作为传输媒体。在这两种情况下，他分析了技术的固定成本和可变成本，以及为什么不同技术的这些成本会有差异。在进行个案研究时，他使用ABC方法来进行成本分析。ABC法是Activity-Based Costing的缩写，即基于活动的成本分析，其最重要的思想就是先确定活动，再确定经费支出对象，这两个方面分别构成一个矩阵的两个维度，最后求出总成本。其中每一项都有子项，对其都有更为详细的说明和界定，以避免重复和交叉，造成重复计算，导致各项之和大于所分配经费总额（allocation)。此方法是一种溯本

① Hülsmann对欧洲9个不同的远程教育组织所提供的11门课程进行了研究，结果表明：当每学时350法郎时印刷教材是最便宜的。而把这些文本放到互联网上的花费则要两倍多，可能还会更多。然后依次是声音媒体（£ 1, 700)、CD－ROM（£ 13, 000)、录像媒体（£ 35, 000）和电视（£ 121, 000）的成本。

求源的成本分析方法，能使研究者获得更全面、更精确的成本数据。

以上对5位远程教育经济学成本分析专家主要成果的介绍虽难以面面俱到，但从中可以看到，一方面，成本效益分析是远程教育经济学要研究的核心问题，且与实践联系非常密切；另一方面，它涉及的领域非常广，譬如经济学、管理学、数学、计算机编程与绘图等领域。

第五节　远程教育评估和认证

“评估”（evaluation）和“认证”（accreditation）都是用来监控质量的手段，两者常被混合使用，但是两者是有区别的。评估是“依据既定的标准对客观事物进行价值判断”，认证则是“由可以充分信任的第三方证实某一经鉴定的产品或服务符合特定标准或规范性文件的活动”（ISO/IEC 指南2：1986）。教育评估既是一门学科又是一个实践领域，从19世纪中叶开始，教育评估已经经历了萌芽期、形成期和发展期；教育认证则偏重于一种制度和实践操作，实践性较强，它起源于20世纪初叶。与质量认证和质量评估相似的概念还有质量管理和质量保证（张秀梅，2002）。

在国际上，美国高等教育认证制度非常成熟。它始于150年前，第二次世界大战之后认证的作用日益凸显（李延成，1998）。美国也是实施远程教育机构认证较早的国家。1999年琼斯国际大学获得美国中北部院校联盟的认证，成为第一所获得地区认证开办远程教育的大学。在欧美，对认证和评估的研究也比较多见。1998—2003年间，PQDD博硕士数据库中关于远程教育评估和评价模型建立的论文有48篇，占远程教育类总论文量的

11%。因此，通过了解美国现行的认证制度和有关研究能够对整个远程教育评估和认证领域有系统全面的了解。

一、认证种类

认证是官方评审组认为某学校满足了某些条件后给予一所院校的认可。在美国，认证机构是一些成员学校在自愿的基础上构成的，这些学校（要么是整个学校，要么是学校的某个专业）受这个认证机构在专业教学和管理方面的监督。美国官方文件清楚地表述了认证的性质。在美国，认证相当于其他国家一些学校和高等教育机构要通过本国政府或法规获得认可。根据认证对象的不同可以分为两大类：机构认证和课程或专业认证。

机构认证（institutional accreditation）是对某所学校的教学及管理等方面工作的一个总体认证，但不是对具体一个方面的鉴定。

课程或专业认证（programmatic or specialized accreditation）是对某所学校的某个或某一系列相互联系的学术专业或职业专业进行的认定。如果某所学校只有一个专业，那么对这个学校进行认证就同等于课程认证。

二、认证机构

认证机构的存在是为了通过同行评议以保证成员大学的质量，支持联邦资金评估的过程，顺利推动高校之间的学分互换，扩大成员学校学术课程的大众信任度，等等。认证协会分为以下两种。

（1）地区性的认证协会：它们负责美国某一地区或其他国家的院校认证活动，不对某一具体专业教学领域进行认证。它们包括学院与学校之中部协会（the Middle States Association of Colleges and Schools）、学校与学院之新英格兰协会（the New England Association of Schools and Colleges)、学院与学校之北部中央协会（the North Central Association of Colleges and Schools)、学校与学院之西北协会（the Northwest Association of Schools and Colleges)、学院与学校之南部协会（the Southern Association of Colleges and Schools）及学校与学院之西部协会（the Western Association of Schools and Colleges）等 8 个地区性认证协会。审查的内容通常包括学校的师资、课程、教学质量、设备、管理等各个方面的情况，经过全面审查后决定某一学校是否被认可。

（2）全国性的专业认证协会（specialized or professional accrediting association)：只对某一专业进行认定，美国共有 59 家此类认证机构。在美国，除了对学校进行评估、认证外，某些专业课程也要经过专业评估团体的审查和认可，有些专业领域，如医学、法律、牙医等，其专业课程完成被认可是领取执照许可的先决条件。如果某校只有一种专业，那么国家级的认证和专业性的认证是同等的。

对远程教育而言，专门性的认证机构是美国远程教育与培训委员会（DETC，the Distance Education and Training Council)。它既是一个协会，又对高校认证，其成立于 1955 年，是经过美国教育部和高等教育认证委员会（CHEA）认可的，只对中等后教育计划认证。在美国，有 300 多万美国人注册了经过 DETC 认证的学校。据估计，自 1890 年以来，大约有 1.3 亿美国人学习过远程教育课程。目前，有 87 所院校通过了该认证委员会的认证（http://www.detc.org)。

Sloan-C 主席 Frank Mayadas 认为机构认证或评估的维度可以包括：教育机会的供给（access)，吸引更多的学生来学习；学习效益（learning effectiveness)，要与传统教育具有同等质量；教师的态度（faculty attitude)，积极的态度对一门专业的成功至关重要；成本效益（cost-effectiveness)；学生满意度（student satisfaction)，这样可以保证学生不断选课学习。

2001 年，8 个地区认证委员会联合发布了《地区认证委员联合承诺声明》(The Statement of Commitment by the Regional Accrediting Commissions)。该小组采纳了“电子学位和证书计划最佳实践策略”，这是2000 年由西部教育通信合作联盟（WCET)创作出版的。这两个文件承认了新出现的高等教育提供商，强调认证机构要平衡好两个方面，即既要保证地区性认证是高校质量不可或缺的评价指标，并以此满足人们的期望，又要鼓励深思熟虑和富有创意的试验。但是，这些文件都没能够提供有关远程教育方面的、新的评估程序。

三、认证程序

以上这两种认证过程，包括以下具体几个步骤:

(1) 认证协会建立并定期完善其标准和政策，这些标准和政策是那些成功通过认证的学校所要遵守和满足的;

(2) 某学校或专业的教师向认证协会提出成为其成员资格的申请，或者提出需要再次进行认定的申请;

(3) 这个学校或专业开始准备细致全面的自检材料，这些材料的准备要根据认证协会的规定进行;

(4) 认证协会聘请一些校外同行学科专家和管理专家组成评审组，审查学校的自检材料，并依照认证协会的一些评审流程对这些学校或专业进行实地考察;

(5) 评估小组撰写赞成或反对其通过认定或再认定的报告，并列举学校或专业完全通过认证前需要进一步改善的地方;

(6) 认证协会成员对候选学校的水平进行投票，并在来年的一年一度的官方认证名单上公布那些成功通过认证或再认证学校的名字和有关信息。

每个认证协会都要公布他们的标准、政策、原则和候选者的名单。对没有通过初期认证或没有获得认证资格的学校名单也给予公布。

四、评估方法

评估有许多种方法，这里只列举两种有代表性的。第一个是转换性评价方法（transformative assessment）或称变革性评价，认证组织可以用这种方法来评价一个专业或一所学院。它注重评价的实际反馈效果，而不像以往泛泛的评价，只是收集学生最后的考试成绩或满意度调查问卷，然后公布了事；它更注重通过全面收集有关信息，特别是注重环境因素的影响，通过这些信息的反馈促使评价主体不断通过小步子的矫正来提高专业质量或其他被评估的事物。与之并列的还有管理性评价（administrative assessment）和进程性评价（progressive assessment）。比如在评价一所学校的教学质量的时候，管理型评价主要收集数据，多关注量的方面，认为学习是不受情境影响的；进程性评价更宽泛一些，采用新的视角来审视数据，包括学科之间的相互影响也会考虑在内。而变革性评价具有多重视角，对学生学习过程中的各种数据都很留意，甚至关注超越所学科目之外的其他因素，比如，从道德伦理以及其他更广泛的角度来衡量教学质量和学习效果（Jennifer Lorenzetti，2004a）。

此外还有 AEIOU 方法，即 Accountability（责任）、Effectiveness（有效性）、Impact（影响）、Organizational Context（组织境脉）、Unanticipated Consequences（未预料的后果），综合这 5 个方面可以对远程教育项目做整体的评价。

五、评估内容

在美国，对普通大学的评估和排行通常依据的指标有：学术声誉、学生保持率、师资状况、学生选择（入学资格）、财务状况、校友捐赠比率等（王东江）。目标任务的终身教育特点和教育对象的成人性等各种特殊性，决定了远程教育应该有独立的一套评估指标体系。实施评估主要依据评估指标。首先要将各观察点即评估指标按照层级法逐级归类，制定出质量评估指标体系；然后再用德尔斐法（专家调查法）或其他方法对各指标分配权重；最后根据指标体系制定量表或问卷，变成可测量的问题。每个环节都要不断修改，形成性评价贯穿始终。但凡涉及远程教育质量保证的一切要素都应在评估或认证之列。

古勒（Gooler）早在1979年就提出评价远程教育计划（programmes）的6个维度：机会公平，需求相关性，所提供的课程计划的质量，学习者的学习结果，成本—效益，影响（包括计划在各个方面产生的影响），新知识的产生。

英国开放大学的玛丽·索普（Mary Thorpe）在1988年对远程教育系统中评估的主要内容（包括学习者自我评估、教学评估、咨询和学习者学习进程评估、课程和学习材料评估）、评估程序也进行了系统的研究（Mary Thorpe, 1993）。

国内学者丁兴富等人在调研国内外远程教育院校质量保证体系的基础上，概括出如下9个共同要素：①远程教育的资源设计、开发与发送；②远程教育的学生学习支持服务；③远程教育的双向通信交互；④远程教育的宽进严出政策及其落实（课程考核与学生学业评价）；⑤远程教育的管理；⑥远程教师的专业发展与培训；⑦远程教育研究；⑧远程教育的基础设施建设；⑨远程教育的财政支持和经费保证（丁兴富，2005b）。

六、中外评估和认证制度比较

美国的这些认证体系也可能存在一些问题，比如缺少清晰的、可操作的评估指南，与既有的标准不一致等（Arthur Levine & Jeffrey C. Sun, 2003）。但总的来讲，不论是普通高等教育还是远程教育的评估和认证制度，都是比较成熟。

我国远程教育的评估制度正在确立，但还没有认证制度。现阶段，教育部对远程教育高校实施的监控和保证的办法包括试点准入制度、年报年检、部分基础课全国统考、授权省级教育行政部门对远程教育高校及其学习中心进行监控等。教育部2005年聘请专家组来对远程教育试点高校实施过程评估。这种评估工作繁重，量大面广，如果能辅以专项评估（即对办学的一个或几个方面进行评估）则会减轻一次性评估的负担。同时，建立一个稳定的、第三方的认证机构对保证质量评估的客观性、周期性和公正性十分必要。总体而言，我国远程教育的定期评估制度正在形成，在一定程度上规范了远程教育院校的办学行为，而认证制度则尚待建立。

第六节 远程教育政策法规

一、远程教育政策分析框架

政策，就是指国家、政党在一定的历史时期为实现某种政治目标或完成某项政治任务而制定的行为规范与活动指南（郑传坤，2001）。在西方，政策是政府、政党、公司等“提出或采取的行动计划，完美境界的标准的声明”。政策是管理的一种手段，是国家和地方政府干预教育的重要手段和依据。规划和实施远程教育首先要进行政策分析。

美国知名政策分析专家帕顿（Carl V. Patton）和沙维奇（David S. Sawichi，2002）把政策分析分为两种基本类型：研究型分析（researched analysis）和基本性分析（basic analysis）。研究型分析是指运用比较程式化的研究方法，对有关政策问题进行专门研究，以“寻求问题背后的真相和非直觉的甚至反直觉的解决方案”。基本性分析则是在短时间内、在资料不充分的情况下对政策的简单建议，以便在主要问题上不会发生错误。决策者不可能像专门研究人员那样进行仔细、周详、高度量化的研究，他们只能用有限的时间，在资料不充分的情况下，做出决策的框架。从这个意义上说，研究型分析更适合于专门研究人员，基本性分析更适合于决策者（袁振国，2002）。

美国学者很早就开始了对远程教育政策的研究，而且有许多专门机构和研究者从事此工作。要对政策内容进行分析，前提是依据一定的政策分析框架（policy analysis framework，PAF），这是非常重要的。早在1991年美国远程教育咨询家理查德·T. 黑泽尔（Richard T. Hezel）就提出了一些针对州和地方层面的政策法规要素，共13个，包括政府部门、管理部门、计划过程、技术与远程教育媒体、经济与财政、教学计划编制、认证、证书、学生入学注册、教师、教学结果、评价、政策重新修订等。1997年德克萨斯女子大学的Adrianna Lancaster在其博士论文中对黑泽尔分类的适用性进行了验证，最后提出该模型还需要在理论性（conceptualization）、基准（focus）等方面重新修订。在理论性方面，Lancaster认为黑泽尔没有考虑远程教育政策制定的体制属性，基准也集中在“技术”上，以其为核心来制定政策。

1998年吉尔曼·丹利（Gellman Danley）和费茨（Fetzner）制定了7元素政策分析模型（policy analysis framework），包括学术、财政、地理、治理、人力管理、法律和学生支持服务（Gellman Danley，B. & Fetzner，M. J.，1998）。伯格于1998年在此基础上又增加了两个元素：技术和文化（Berge，Z. L.，1998）。詹姆斯·W. 金等人（King，Nagent，Russell，Lacy，1999）修改了上述两个模型，综合成一个新的政策分析模型，包括7个要素：学术、治理/管理/财政、师资、法律、学生支持服务、技术和文化（James W. King, 1999）。后来金（2000）又简化了这个模型，提炼出一个三层（three tiered）政策分析框架，即教师、学生/参与者、管理与组织。他对每一层的要素做了详细描述，见表5.6.1。

表5.6.1 三层政策分析框架

<table>
<tr><th>主要维度</th><th>具体要素</th></tr>
<tr><td rowspan="4">师资</td><td>报酬（津贴、提拔和任期、自我价值提升等）</td></tr>
<tr><td>支持（学生支持、技术支持、培训等）</td></tr>
<tr><td>学习技术及应用机会（安排充裕的时间、培训等）</td></tr>
<tr><td>知识产权（如教育资源的所有权、著作权）等</td></tr>
<tr><td rowspan="2">学生</td><td>支持（技术的获得和使用、图书馆资源、注册、咨询、财政资助）</td></tr>
<tr><td>注册条件（居住地要求、对从其他学校获得的学分的认可、学分转移、继续教育）</td></tr>
<tr><td rowspan="5">管理和组织</td><td>学费构成</td></tr>
<tr><td>资助条例</td></tr>
<tr><td>合作（与校内其他部门或校外其他机构的合作）</td></tr>
<tr><td>资源（支持远程教育的财政资源、新技术）</td></tr>
<tr><td>课程模块或单一课程（传输模式、课程/专业选择、开发方案、交互性、测验、面授时间的规定）</td></tr>
</table>

希拉里·佩雷顿等人按照远程教育的输入——过程——输出这一系统过程来分析远程教育的各类政策内容。输入环节包括学生、管理人员、资源，过程环节包括技术、自治、认证和质量保证，输出环节只包括（成本效益）（H. Perraton & H. Lentell, 2004）。

不论采用哪种分析模型，最终目的是要找出远程教育发展中存在的问题。对政策分析人员来讲，最重要的是能够抓住问题的实质并给出对策性建议。

二、政策层级和内容

在层级方面，国内外远程教育政策可以分为三层：国家、省（或州）、院校三级。在国家层面上，美国将远程教育列入《高等教育法案》，主要从以下 4 个方面影响远程教育计划：学生财政资助，对残疾学生提供方便和照顾，知识产权法，国际贸易协定。省级和院校的政策多样，水平不一。在州级层面上，美国各州有自己对于教育（包括远程教育）的政策法规，然而许多远程教育法规政策都不合时宜了。但一些州也颁布了鼓励远程教育项目发展的法律。比如，佛罗里达州立法机关授权教师专业培训系统提供远程教育或其他一些基于技术传输的系统；科罗拉多和伊利诺伊州也颁布了更具吸引力的政策：对发展远程教育项目给予经费支持。总之，州立法机关既要提供保护性政策，又要在鼓励创新、监控质量方面提供刺激的驱动力。政府各层级所共同关注的政策法规内容包括如下 5 个方面：

（一）知识产权

在众多政策问题中，知识产权问题是最引人注目的。在分布式学习当中，知识产权包括专利权、版权和软件的侵权等。对于一些院校，还会涉及商标、多媒体和录像政策。美国大学教授协会（the American Association of University Professor，AAUP）建议教材的版权应属于教师，除非是在特别情况下，比如当教材是专门用来租用时。在一些特殊情况下，比如教师用到学院雇用的技术或设计专家时，教师的知识产权就会受到影响。一些学院为了防止出现侵犯版权，还制定了有关冲突责任与利益处理的政策。具体来说，学院应明确它在什么情况下需要保护知识产权；发明者和作者的权利有哪些，如修改、节选、复制、展览和所有权等；列出参加创造性或技术性课程设计和开发的专业教师的角色和权力；对参加课件开发的教师给予何种补偿以及各方应如何分配版费作出解释；确定谁来主管学院的知识产权政策；明晰创造者或作者在销售著作时使用学院商标应注意的问题。

在远程教育领域，远程教育的分工和合作特征比较明显。对于课程开发来讲，参与的人员涉及学科教师、教学设计人员、媒体开发人员和技术实现人员等，所以最后开发出来的课程资源要考虑是应该归属于教师本人还是机构，还是两者共有等。一般来讲，知识产权一般都是教师所有。如果教师是依据一定的协议受雇来制作课程或材料，或者使用了机构所拥有的资源，则课程或资源的所有权通常为教师和机构共同拥有，或全部归机构所有。一些学校也采用了学术出版社的做法，即买下教师对某个作品的著作权，而教师仍可以自由地使用自己的作品。

此外，与此相关的是侵权问题。在远程教育中特别是网络教学中，教师在使用媒体素材或他人开发的对象库的时候，到底应该承担哪些责任和义务。在这方面，明晰归属权等问题的政策制定本身就消耗成本。所以在远程教育版权和知识产权的政策方面还未能制定出一个明晰的框架（Arthur Levine & Jeffrey C. Sun, 2003）。

（二）教师政策

在远程教育领域，师资方面最关键的问题就是确定教师在课程开发和信息传递过程中的角色。对教师方面的政策制定涉及劳动量计算和报酬补给（比如课程开发能不能计入总教学量）、远程教学备课要分配多少时间、网络教学工作量对评级晋升有何帮助、班级规模多大、在线教学怎样影响教师的办公或正常上班时间、知识产权等问题。

（三）学生政策

学生政策主要包括入学规定/政策（学历水平、收费制度等）、对残疾学生等弱势群体的观照程度、隐私权保护等问题。

在保障残疾学生利益上，美国远程教育承诺为其5400万的残疾人中的一些人提供教育机会。但如果课程没有精心设计或者没有恰当的适应性技术，残疾人得不到在线教育的几率就会增加。一些为残疾学生提供公平的入学机会的法律要求院校也要关注此问题。这些法律中主要的一个就是《1990年美国残疾人法案》（the Americans with Disabilities Act，ADA）。它规定：对视觉有障碍的人不能使用图表，对耳聋或有听力障碍的人要用文本来替代音频。现在多数教材都是遵照ADA有关规定来制作的。1996年美国司法部发布了一封信来解释ADA，要求政府机关和诸如大学院校的公共机构要为残疾人通过所有媒体提供“有效的传播”。从本质上讲，高等教育院校要开发一些采用学习者适应性技术的网站，或者在某些情况下，提供相应的辅助性资助和服务以保证机会均等。

（四）认证政策

在远程教育机构进行省级或国际间办学时，要先确定是否需要获得对方所在的省级（或州）或国家的教育行政部门批准才可以跨省或跨国办学。而这就体现在州级或省级的远程教育政策之中。美国有着良好的认证制度，因此在有关认证方面的政策主要依照各地区认证协会的规定。我国还缺少类似的、规范的省级政策规定。

（五）财政资助政策

高等教育的成本不断增长迫使这些学校越来越多地依赖学生学费来抵补这些成本，而学生转而求助于财政资助。事实上，联邦政府的资助是美国学生获得资助的一个最大来源。

《高等教育法》（1965）第四条款规定，提供的课程有 50% 以上是通过通信设施进行远程教学的单位才可以获得联邦的资助。我国的教育行政部门对远程教育机构基本上没有财政资助，除了中央广播电视大学之外，其他 68 所网络教育学院基本上是依靠自筹经费和学生学费来运作的。因此，与美国远程教育环境相比，我国缺少一定的激励措施来促使远程教育机构提高其质量。但美国这个规定判断的依据是课程的数量而不是学生的数量，这样导致那些拥有大规模学生的在线教育机构或使用通信媒体实施远程教育的机构能够绕开这个规定而照样获得资助，但是其质量能否保证就是一个问题。另外，美国对远程高等教育的“50%”规定也过于严格，把许多没有满足这一条件的远程教育机构的财政申请拒之门外（张秀梅，2003）。类似的还有“12 小时”制。这些政策后来都被取消了。

三、政策研究现状

国外对政策内容（版权法、机构内部的各种政策规定）和政策制定过程（州层面的）都有研究，但总量并不多，在 1998—2003 年间 PQDD 博硕士数据库中关于远程教育评估和评价模型建立的论文有 11 篇，仅占远程教育类总论文量的 2.5%。我国学者的唐燕儿（2004）对政策制定涉及的决策体系、内容体系和组织体系做了系统分析，构建了一个政策制定的体系框架，对国内目前哪些方面需要政策以便有所作为（如修订、补订或新订）则没有涉及。对政策内容的实然与应然状况方面则较少有人研究。

梅拉迪·汤普森（Melody Thompson）指出，各种形式的远程教育正在兴起，许多实践都是政策所没有预见的，对于如何保证和监控质量，还没有建立起一套保障措施和规章制度，这也是美国所面临的问题。所以，要重视国家层次和机构层次的政策制定（http://www. ed. psu. edu/acsde/deos/deosnews/deosnews13_1. asp），中国同样需要迫切解决此问题。

总体而言，国外的政策强调如何界定教师、学生和机构等关系方的权利和责任，也强调通过认证来实行准入制度，国内的政策就比较单一，几乎很少考虑省级和院校层面的政策规定，政策制定都呼吁国家层面出台一个基本法。定期评估的较多，而对于具体问题规定的较少，比如跨省办学、课程资源的所有权归属等问题，一碰到新出现的问题，就没有政策法规可依。关于该在哪些方面出台哪些新的政策法规或者如何与现有的教育政策法规对接融合的研究甚少。

另外，我国缺少国家层面的、专门的远程教育法规。至今的教育法当中，只是“条例”和“决定”等，对质量的保证比较脆弱，基本依靠试点单位自律。关于省级层面对远程教育的规定，国内外都有所欠缺，比如缺少省级远程教育战略性的发展规划和相应的政策规定，缺少对远程教育的机构提供财政资助和监控的有关规定。

第七节　远程教育的教与学

“远程教育研究的一个常见主题就是‘交互’，表现了该概念在概括教与学过程中的集中性（centrality）”（Fred Saba，2000）。国际远程教育理事会（ICDE）1995 年召开的网络会议的主题就是“没有交互就不成为教育”（“No Interaction，No Education”），会上专家学者对教育中的交互展开了热烈讨论。即便是那些不赞成这个说法的人也认为交互对学习是有益的，尽管他们并不认为这是必须的。

交互是一个很大的范畴，在远程教育中，它几乎就是狭义的远程教育教与学的代名词。研究交互的切入点有很多，比如不同的交互类型（学生、教师和教学材料之间的任意组合）、参与者对交互的感受和满意度、交互与学习成功之间的关系、有效的交互特征等等。

远程教育交互的特殊性引起了众多学者和实践者的研究兴趣，因此在远程教育各种理论体系中，远程教与学的理论体系最为丰富，这从本章第一节可以看出；在远程教育论著中，对远程教与学规律的研究所占比重也最大，这可从第二章的文献内容分析中看到。在这里，笔者不打算再对远程教学理论进行探讨，而想从具体的理论基础、热点范畴以及教学模式等方面来阐述远程教与学的研究成果。

一、理论基础

建立在不同的理论基础上的教学交互在实际操作中也会有不同的策略和方法，在远程教与学当中所采用的理论基础有如下几种（R. Clinton Miner, 2003）。

（一）行为主义理论

行为主义理论有三个定律：效果律、练习律和准备律。行为主义理论认为学习环境而不是个人可以控制行为给予刺激和强化，学习就会发生。这种理论强调创建一定的环境以引出学生的学习行为。

（二）认知主义理论

教师要引导学生对教育经验进行认知加工，帮助学生有意义地建立已有的认知结构。它强调培养学生的问题解决技能、抽象思维能力、自我效能（self-efficacy）和动机等素质。教师的主要作用是设计学习活动的内容来促进学生的认知发展。图示建构策略和诸如先行组织者之类的学习者准备都是教师要做的。

（三）人本主义理论

人本主义理论的深层理念是相信人具有进步的无限潜力。它关注个人的自我发展和学习者对他/她自己的学习负主要责任。人本主义者同认知主义者一样，也强调在个人经验的基础上来发展认知结构。然而，不同的是人本主义者还强调情感体验对认知结构发展的影响。在人本主义环境中，教师扮演的是促进者和指导者的角色。他们在远程情况下帮助学生培养自我指导的学习能力。相应的人本主义者的交互策略包括课堂讨论、小组讨论和项目讨论、综合等。

（四）社会性学习理论

该理论把学习看做是观察他人的结果。这种观察和后续发生的学习行为是在社会环境中发生的。社会性学习理论的关键要素是控制源（locus of control）概念。在这种理论框架下，学生如果有较强的内部控制源，他们则更容易参加学习活动。这与行为主义学习理论强调外部刺激是相反的。内部控制源与自我实现①（self-efficacy）有关。社会化学习的四个步骤是：注意、保持、行为再现和动机。教师要让学习者将观察到的行为结果可视化，促进学生自我实现。学生对他们自己在学习活动中所表现出来的能力的感受将决定他们的学习动机。在网络环境下，要增强学生与媒介交互的自信，提供情感支持。古娜瓦德娜等学者认为教师的重要角色就是培育一种社会性存在，帮助创建人际交互学习所必需的环境。

（五）建构主义理论

建构主义者认为学习是学习者个人意义建构的过程。它涉及

---

① 自我实现就是一个人在一个特定环境下对个人能力的感受，它是影响学习动机的因素之一。

经验学习（experiential learning）。建构主义者认为学习是要依赖情境的。学习适应同时包括个人的（认知的）和社会性的意义建构。两者在学习过程中的表现是积极探究、独立性和个别化。转换学习理论（transformational learning theory）将个人的意义建构和社会性的意义建构整合在一起。在这种理论观点下，教师的主要作用就是促进和商谈学习者的意义建构。交互的策略包括呈现几个令人困惑的选择、质疑、个案研究和问题解决等活动。

二、主要研究范畴

远程教育的教与学方面有相当多的概念和范畴，这里只列出20世纪90年代以来探讨比较集中的几个范畴。

（一）控制源

控制源（locus of control）是美国心理学20多年来经久不衰的研究课题（Strickland，1989；Rotter，1990）。简单地说，控制源是（1966）社会学习理论中用来描述在“知觉自身与其行为所受强化关系上的个体差异”的概念。控制源是衡量这种个体差异的维度，内控（internal locus of control）和外控（external locus of control）为维度的两处极端。内控者认为自己的成败祸福取决于自身因素，而外控者相信这些是由诸如机遇、运气、权势等这类外界因素造成的。控制源的个体差异预示着不同的行为表现。这方面的研究中最引人注目的是：大多数结果都一致表明，内控者在动机、成就、心理健康各方面都比外控者优越（Strickland，1989）。

在远程教育领域，在控制源研究方面比较有代表性的研究成果是戴维·坎贝尔（David Kember，1995）提出的“开放学习模型”（参见本章第九节）。戴维·坎贝尔研究了远程教育的许多方面，包括教学设计、学生学习、教学目标。他对远程教育辍学率的研究促成了他的开放学习模型的建立。该模型描述了成人学习者的入学特征与其课程完成率的关系。在这个模型中，学习者是沿着两条路径发展的，要么是正面的，朝向社会性和学术性整合（social and academic integration）发展，要么是反面的，朝向外部归因和学术不适性发展。在任何一条路径结束的时候，学生要权衡他们继续学习下去的成本和收益。如果他们决定坚持下去的话，他们会再次在这个模型中循环，如果环境改变的话，他们可能会沿着另一条不同的路径发展。坎贝尔（Kember）广泛地验证了他的模型，发现这个模型可以解释80%的各种学业完成情况。他还发现那条积极的路径取决于内部动机和对学科有较深的理解。设计者和教师可以使用这些原理来指导他们的教学设计和教学过程。（Kember，D.，1995）

（二）社会性存在

社会性存在概念的定义繁多，比如：

（1）社会性存在是指在交互当中对他人存在以及后续发生的交互联系的感受程度（Williams & Christie，1976）。

（2）社会性存在就是指人们之间意识到彼此存在的水平或程度。在面对面交流中能够增进社会性存在的因素包括：体态、衣着、面部表情、目光以及语言和非语言暗示（Short，J.，Williams，E. & Christie，B.，1976）。

（3）社会性存在包括社会性过程、目的、环境、交互性、情感语言的运用、在线交流、动机和隐私等（Gunawardena，1995；Walther，1992；Tu，1999）。

（4）社会性存在是“个人对在交互中对他人的存在以及交互关系存在的意识”（Tu，2000）。

综合这些概念可以看出，社会性存在就是一个人在媒介环境下感受他人和自己的社会性的程度。

古娜瓦德娜认为，教育技术在传统教育和网络教育中的不断应用使得研究人员能够研究社会性存在。在计算机交流的环境中社会性存在是学生整体满意度的一项指标。研究发现，“一个人在媒介传播中被感受为‘真实的人’是学生整体满意度的一项重要指标”。那些感受到较高程度社会性存在的参与者大大地提高了他们的社会性—情感性体验（Gunawardena & Little，1997）。

（三）亲近性和亲密性

与人际交往和社会性存在相关的还有两个范畴：亲近性和亲密性（intimacy and immediacy）。亲近的程度取决于物理距离和眼神。教师的“亲近性”还被视做学生情感学习和学生满意度的一个预报器。亲密性是传播者本人与其传播对象之间设置的心理距离（Gunawardena，1997）。教师的亲密性行为包括言语和非言语行为，比如微笑、叫学生的名字、以身作则、鼓励性的反馈等（Gorham，1998）。亲密性或非亲密性能够通过言语和非言语传递，能够提高社会性存在。“尽管媒体不能提供较多的社会性情境线索，但学生对媒体的社会性和人文性品质的感知将取决于教师/网上协调员和虚拟社区所创建的社会性存在。”（Gunawardena，1995）

富尔福特和张研究了教学中学习者对交互的感受，并得出结论，“对交互水平的感受是学习者满意度的一个关键性指标”，“整体的交互机制要比完全的个人参与更能提高学习者的满意度”（Fulford & Zhang，1993）。

（四）学习者特征

学习者的个人特征（identity）包括性别、年龄、家庭情况、就业情况、可以自由支配的收入、教育背景、地理位置、语言、种族和文化特点等。这些变量将影响远程学习者的辍学和保持情况。已经有研究探讨了学习者保持学习与其人口学特征之间的关系（Ehrman，1990；Kemp，2002；Parker，1999；Whittington，1995）。

三、远程教学模式

（一）异步学习与同步学习

同步学习更多地依赖视频技术，而异步学习则是依靠计算机技术。另一种相关的区分是在技术上所倾向的两种分类——基于网络的（最常用的是聊天室和各种讨论组）和基于视频会议的远程教育。根据使用的技术不同干脆就分为基于网络的远程学习和非基于网络的远程学习。

（二）远程学习、电子学习与移动学习

基更在《从远程学习到电子学习再到移动学习》一书中重新界定了这三个概念：

（1）远程学习（distance learning）是指20世纪80年代电子通讯技术（微波、卫星、电视等）的使用使远程教育达到成熟时期，孕育了开放大学、电视大学等名称不同但办学任务一样的远程教育办学载体。

（2）电子学习（e-learning）是远程教育的新阶段，1995年到2000年是鼎盛时期，以计算机屏幕前通过联入万维网上网学习培训为主要模式。它分为两种形式：一种是基于群体（美国和中国为典型）的学习，一种是基于个人（欧洲为典型）的学习，基于的群体的学习又分为同步学习和异步学习。

（3）移动学习（mobile learning）是在20世纪90年代后半期手机广泛使用并有迅猛发展势头的情况下出现的，是目前远程教育新的发展趋势和生长点，并有望成为主流。它使用的技术设备包括手提电脑、掌上电脑、无线设备等。

（三）函授教学、远程课堂教学和灵活学习

（1）函授教学（correspondence tuition）是独立学习和交互活动的混合（Daniel & Marquis，1979），其主要优点是具有灵活

性，主要缺点是师生之间交互的及时性（immediacy of interaction）差。

（2）远程课堂教学（remote-classroom instruction）是以教师为中心的一种模式，教师同时对多个班级进行教学。而连接课堂之间的技术有很多种，可以很复杂，也可以很简单，包括：音频会议；音频会议，辅以另外一个音频网络来传输图片（比如电子白板）；慢速扫描电视（传送教师的图像和声音，并有一个独立的音频线路给学生用来提问）；视频会议，伴有独立的音频线路；多点视频会议。其优点是能够实时交互，其缺点是学生缺少灵活性。这是第二代远程学习的代表。

（3）灵活学习（flexible learning）也称“多渠道学习”（multi-channel learning），这种学习模式的目的是要扩充或取代传统的课堂教学，使用一系列技术，比如交互式多媒体、计算机会议和电子邮件等。其优点是具有灵活性和交互性，其缺点是不能产生精制的学习材料。而知识媒体会让函授教学和远程课堂教学两者合并在一起进行（Daniel，1996）。

（五）单向传输模式与互动模式

（1）单向传输模式（transmission model）在前三代远程教育技术（函授印刷形式的、基于广播的和基于单向媒体的多媒体系统）中较为常见。在这类模式中，教学就是要在结构化的环境里顺序地、长时间地传递准确的信息，直到学习行为发生改变。而学习就是准确地执行学习任务，积累经验，直到能够学会、再现老师所教的内容。

（2）与单向传输模式相对的是另一极模式：教育中的建构主义模式、社会文化模式和元认知模式（Renshaw，1995），这些模式都强调互动，因此，笔者在这里把它们统称为互动模式。

建构主义模式假定学习的个人理解的积极建构，它以解释和选择、个人意义建构和持续地同化新信息作为基础。教学就是设定有挑战性的任务，观察和帮助学习者，制造杂乱的信息以帮助学习者反思。

社会文化模式假定学习是社会性的，学习行为需要支持，学习是交互的和相互建构的，是要通过小组来调节的，还涉及共同价值观的信息和评价。教学是一项共同性的活动，它要指引谈话方向，帮助形成联合建构，形成共同的价值观。

元认知模式是反思性的，它帮助学生自学并监控学习过程，以提高他们的理解水平。在这个模式里，教学是支持和辅助学生反思的（Rumble, 2001）。

（六）第二代远程教育模式与在线远程教育模式

玛丽·索普（2002）区分了第二代远程教育模式与在线远程教育模式之间的教学模式。第二代远程教育模式只有三个要素：教师、学生和学习内容。而在线远程教育模式增加了一个要素：学习群体（learner group），学习内容则演变为网络资源（web resources）。该模式是实时的意义建构，学生本身就是资源。在该模式下，学生群体能良好互动，进行意义建构的表现就是“浸入”（absorption/engrossment，又可译为“专注”），参与的成员能从交互中得到自我满足（intrinsic rewards）。

第八节　远程教育媒体技术的开发与应用

一、教学设计与媒体应用

教学设计在教育技术学领域探讨得比较多，在远程教育领域也同样重要。“远程教育教和学过程的提高更依赖教育者的教育性设计，而不是技术本身的特点”（Kirkwood, A.，1998）。关于教育设计，贝茨（Tony Bates，1995）对远程教育课程资源制作方面的应用早有研究，见图 5.8.1。左列是参与人员，右列是相关的开发活动。这个开发过程分为 4 个步骤：制定课程大纲、选择媒体、开发/制作材料及传输课程。许多正规的多媒体网络课程制作单位都是按此流程进行课程或资源开发的。

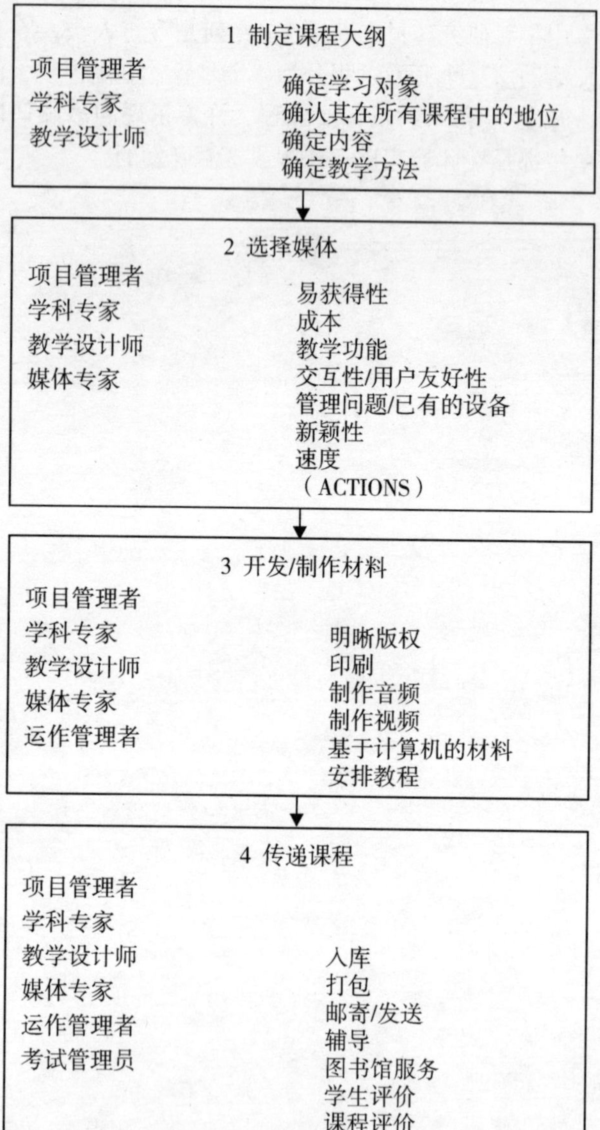

1 制定课程大纲

项目管理者	确定学习对象
学科专家	确认其在所有课程中的地位
教学设计师	确定内容
	确定教学方法

↓

2 选择媒体

项目管理者	易获得性
学科专家	成本
教学设计师	教学功能
媒体专家	交互性/用户友好性
	管理问题/已有的设备
	新颖性
	速度
	（ACTIONS）

↓

3 开发/制作材料

项目管理者	明晰版权
学科专家	印刷
教学设计师	制作音频
媒体专家	制作视频
运作管理者	基于计算机的材料
	安排教程

↓

4 传递课程

项目管理者	入库
学科专家	打包
教学设计师	邮寄/发送
媒体专家	辅导
运作管理者	图书馆服务
考试管理员	学生评价
	课程评价

图 5. 8. 1　课程开发流程

二、媒体技术发展阶段

约翰·丹尼尔将远程教育中的技术发展划分为5个阶段：①印刷技术和邮政通信在函授教学中的联合应用；②广播大众媒体（广播、电视等）；③个人媒体（personal media，包括个人电脑、录音机、录像机等）；④通信系统（telecommunication systems，包括电话、传真、音频会议和视频会议等）；⑤计算机、通信技术和认知科学的联合应用，也就是英国开放大学知识媒体研究所的马克·埃森斯台特（Marc Eisenstadt，1995）所倡导的“知识媒体”，又称第三代远程教育技术（Daniel，1996），是用计算机技术、电信技术和认知科学结合而来的技术。

“知识媒体”这一术语最先是由Mark Stefik在1986年提出来。当时他认为只有将人工智能技术和因特网结合起来才能发挥更大的作用。这个术语本身强调的是在远程教育中，要优先考虑学习规律和认知科学，然后才是技术。在开放大学的研究者看来，知识媒体是指以学习者为中心的技术（如通过因特网促进协同学习的媒体、专门为残疾人士设计的多媒体学习环境、智能媒体、数字文件、科学模拟工具等）。换言之，一切有助于知识的共享、获取和理解的创新技术都可称为知识媒体。由此可见，它所涵盖的内容要比Stefik原来的术语多（肖俊洪，2003）。

贝茨对媒体属性的研究较早，他在1991年提出ACTIONS模型，它能够评价每一种技术的优点和缺点。该模型评价的7个要素分别是Access—接入情况，Costs—成本，Teaching functions—教学功能，Interaction and user-friendliness—交互性和用户友好程度，Organization—组织机构，Novelty—新异性，Speed—速度（http://research. cstudies. ubc. ca/nce/actions. html）。1995年，贝茨应用ACTIONS模型对各种技术的性能进行分析，包括大众电视（大众传播类型的）、教学电视（局部范围内的）、印刷教材、单向音频（广播和录音机）、双向音频（电话教学和声音—图片，即听力教材）、基于计算机的学习和多媒体等。

英国开放大学黛安娜·劳瑞拉德女士（Diana Laurillard）在其所著的《重新审视大学教学》（*Rethinking University Teaching*, 2002）一书中将媒体属性与教学模式结合在一起进行论述。她强调教学就是创造学习环境以使学生能够了解世界；而教师的责任更在于创造使学生易于了解及学习的情境，让学生从中获益，使学习成为体验世界的方法，故建议教师应善用各式教学媒体。她还从教育性的角度将媒体分为4种：发散式媒体（discursive media），包括音频会议、视频会议、计算机会议；适应性媒体，包括教学项目（tutorial program）、教学模拟（tutorial simulation）、导师系统（tutoring systems）；交互式媒体；反思性媒体。

就课程资源来讲，Harryette Brown（1999）采用知识考古学方法对远程教育的课程发展历史做研究，分为3个发展期：函授课程、直播课程（telecourse）和网络课程。目前国内的关注点是精品课程建设和优质资源共享，而公用的学习对象库能够较好地解决这一问题。

三、媒体和技术应用效果研究

从远程教育机构来讲，其技术采用一般会遵循“新技术应用周期”这个规律。“新技术应用周期”是杰弗里·摩尔提出来的，他将技术采纳周期用一个钟形曲线表现出来，分别是：早期接纳者期、中断期、保龄球道期、旋风期、主流期、衰退期（Moore, G. A., 1991）。这个规律在远程教育界（比如丹尼尔的《巨型大型与知识媒体》）中得到了广泛认可。

在第二代远程教育中，对媒体技术的成本效益比较分析的研究甚多，第三代远程教育在这些方面也不乏探讨。此外对于不同技术手段（比如广播、网络教学、电视教学、会议系统等）或媒体资源（比如电视课程、网络课程）的教学效果和成本效益（cost-effectiveness）也有相当多的个案研究，但采用的框架和分析方法都可以包含在贝茨的 ACTIONS 模型中。

媒体技术的应用和远程教育的教与学是分不开的。譬如，有些对媒体技术应用效果的研究离不开用教学效果（outcome/effectiveness）来检验。所以，远程教育的教与学和媒体技术合在一起就是教育技术在远程教育中的应用，或者说是远程教育技术，聚类分析的结果就表明了这一点。笔者在对前面第四章所拟定的 11 个要素进行聚类分析时发现，教学论（也就是远程教育的教与学）和媒体技术积差相关系数为 0.607。两者被最先归类，表明二者关联性最大，在远程教育中的依存关系非常密切，见图 5.8.2。

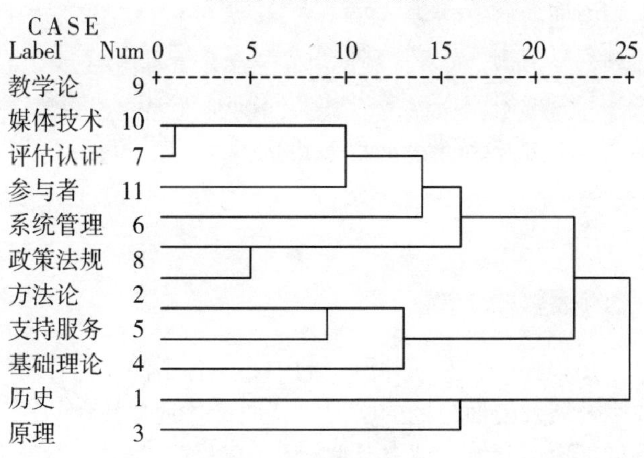

图 5.8.2 十一要素聚类分析树

就媒体应用到教学中的效果而言，美国的鲁塞尔（Thomas

L. Russell, 2001）在对上百篇有关技术应用效果的论文做了元研究之后，发现“无显著差异”（NSP）现象，即远程教育的教学效果和普通面授教学的效果没有显著性差异。这一结果有力地增强了民众对远程教育的信心。

总而言之，在远程教育领域中，媒体和技术的开发与应用将朝着智能化、适应性、个性化、自动化方向发展。它也离不开对前沿技术（如网格、语义网、移动技术、人工智能、云计算等）的跟踪和试验，这样才能找到技术应用的最佳方式。

第九节 远程教育参与者研究

远程教育参与者是指那些直接参与到远程教育活动中的各类相关人员，它包括学生和若干种角色的从业人员（参见后面第六章威廉姆斯的研究结果，2000）。国内外探讨比较集中的参与者包括远程学习者、远程教师和远程教育管理者（或领导者），对这些参与者的研究点包括：感受（perceptions）、满意度（satisfaction）、能力（competence）、角色（role）、特征（心理学和人口学等方面的）、培训等。本节也主要介绍有关这三类参与者的研究成果。

一、远程学习者

学生是远程教育实践和研究的中心，各项活动都要围绕学生的需要来开展。前面提到的学习支持服务，远程教育的教与学等许多领域都离不开对学习者某些行为的研究。因此，对学生的研究与教学研究和学习支持服务研究有很大的关联性和交叉点。远程学习者有着传统院校学生所不具备的许多特点，而且学习环境也根本不同，这样对远程学习者独立性的研究显得十分必要。在大量有关远程学习者的文献中可以看出人们对此尤为关注。探讨的学科角度有教育心理学、成人教育学和远程教育学自身的一些基础理论。研究内容主要有学生保持（或学生辍学）、学习特征、人口学特征、学习效果、满意度等因素以及这些因素之间的关系。其中“学生保持”是关注的焦点，因为远程教育的一切支持活动都是为了克服“距离”障碍，留住学生，让其学有所获。所以各种研究切入点最后都落到“学生保持”这个核心问题上。

（一）学生保持或辍学

早期对学生保持情况进行大规模调研的是格莱特（Glatter）和威戴尔（Wedell），他们在1971年对英国远程教育机构开展了调查研究。随后大多数远距离大学都发表了他们对招生和退学情况的研究，其中英国开放大学和德国远距离大学是该领域研究的典范（Bajtelsmit, J. W., 1988）。不论从哪个角度来研究，研究人员都一致认为，在远程教育中，单一变量并不足以解释学生辍学原因。以下是对此问题研究比较有代表性的研究成果。

（1）文森特·第恩托（Vincent Tinto）1975年建立了一个有关学习者辍学的理论模型并在此基础上开展了实证研究。该研究十分经典，直到90年代许多研究都是建立在他的研究结果之上的。他将学生流失看做是学生的特征、能力和与机构环境交互以完成学习任务的努力程度（goal commitments）这三方面共同作用的产物。这种交互可以用与机构的学术性环境之间“学业融合”（academic integration）和与机构的社会性次级结构的“社会性融合”（social integration）来描述。简言之，融合能够让学生产生完成学习任务的动力并在过程中通过自己的努力反过来增强这种动力，而缺少融合性则导致学生从机构中辍学。文森特·第恩托（1982）将学术性交互和社会性交互主要看做是学习者与教师和其他学生的接触（包括正式的和非正式的）（James C.

Taylor, 1993)。在网络远程教育背景下，文森特·第恩托经过研究认为，网络教育学生与传统院校的学生一样，他们要具有对学校的归属感，这对学业完成有直接的影响。所以，在网上虚拟社区要营造一种学校的氛围，帮助学生解答专业问题，鼓励学生同伴互助，让他们也有这种归属感。如果学生因各种原因不能参与虚拟社区的活动，学校要采取其他办法在学校和他们之间保持其他形式的联系，将他们拉回学校（Santovec, Mary Lou, 2004a）。

（2）1975 年成立的德国哈根远距离大学提供的远程教育教学比英国开放大学严格得多。尽管很严格，又有入学考试，1985 年德国哈根远距离大学的学生规模竟达到28，000 人，不过退学率也相当高。在成立的头 10 年当中，只有 500 名学员学完了所有的课程并获得大学本科学位，学生结业率仅为 1.8%。德国远距离大学远程教育研究所的何梅特·弗瑞茨（Helmut Fritsch）于 1988 年对学生辍学情况进行了研究。他把学习者按照不同的学习阶段分为 5 类：未学就退者、挫败者、退学者、未参加考试者、不及格者。他采用“学习传记”法来记录《商业管理数学》这门必修课的教学过程中学生流失的情况。针对此个案，作者最后提出保有较高学习成功率的 6 项措施：①学生应该习惯系统化的学习；②某门课程的学习者应该是同质性群体；③至少要有地区组织的研讨班；④必须定期对学生进行评价；⑤课程内容应尽可能与学生现有工作相关；⑥能得到单位的认可、支持和积极的评价。1998 年弗瑞茨再次在苏格拉底—密涅瓦项目“e-learning 中的学生支持服务”做了这方面的研究，研究成果体现在《远程教育退学情况比较》一文中（Helmut Fritsch, 2003）。

（3）挪威知识研究所（NKI）的陶斯坦·雷柯达尔（Torstein Rekkadal）也对学生辍学情况做了早期开拓性的研究，他主要从学习支持服务和交互反馈的角度来研究。陶斯坦·雷柯达尔在 1985 年做了一个试验比较研究来验证个性化的辅导教师—咨询员系统在提高学生学习成功率方面的显著作用。这个系统包括辅导教师和咨询员给学生的自我介绍信、多次小作业和与学生进行频繁的电话联系。实验对象被分为实验组和对照组。实验组提供有辅导教师—咨询员系统的支持服务，进行3至11个单元的课程教学，最后可以获得一种专业资格，而对照组就是普通的模式。两组的主要区别就在于实验组的学员可以与一个专职的辅导教师进行交流，这个教师可以提供管理、教学和咨询的服务。最后实验结果显示这两个组有显著性的差异：实验组的学生完成率更高，他们在学习过程中表现得很主动，在实验阶段完成了大部分课程的学习任务。（Rekkedal, T.，1985）他还做了类似研究，结果表明，教师给学生批改后反馈作业的速度越快，学生保持率就越高。这说明了学习支持服务和教学交互的重要性。

（4）Seung Youn Chyung（2001）运用了系统方法从心理学的角度来研究退学率，此前（1997年）美国博伊西（爱达荷州的首府）州立大学教学与绩效技术系提供的在线课程面临很高的退学率。为了解决这一问题，Chyung具体采用了凯勒（Keller）的ARCS模型、考夫曼（Kaufman）的组织要素模型和克伯屈（Kirkpatrick）的评价模型来探讨如何激发学生的学习动机，在整个学习过程中持续维持学习动机。通过实验证明，这些模型都是很好的激发和维持学生学习动机的有效策略。内部学习动机强的学生学习愿望也很强烈，比较容易克服困难，能完成学业（Seung Youn Chyung, 2001）。

（5）鲁姆伯尔曾从经济学成本效益的角度谈到过退学率的问题，其认为要达到规模经济，一个途径就是让退学率保持在比较合理的低水平上，而且“有必要深入研究退学问题，因为没有它成本效益分析是不完整的”（Greville Rumble, 1988b）。

（6）克里斯多佛·摩根（Christopher K. Morgan, 1999）从远程教育自身实践的各个方面来研究远程学习者辍学的问题，其在《远程教育》杂志上发表了一篇有关学生辍学问题的研究。他将阻碍学生完成学业的因素分为4类：环境的因素、校方的(即机构的)、个人的和认识上的（situational, institutional, dispositional, epistemological)。环境的因素，包括来自工作和家庭方面的影响。学校的因素，是指由于学校内部阻碍性因素所引起的，比如学费太高等。个人的因素，是指态度方面的，比如认为课程太难，阅读材料太多，等等。认识的因素，包括学习课程材料和教学内容方面的困难，比如所学的课程应该是新生（一年级）水平的，难度却像研究生层次的（Lorenzetti, Jennifer Patterson, 2004b)。

（7）坎贝尔（Kember, D., 1995）通过实验提出了一个关于学生保持（persistence）的开放学习模型，见图5.9.1。他运用多元回归分析方法来确定模式中变量间的因果关系。该模型包括4个基本范畴：社会性融合（social intergration)、学术性融合(academic integration)、外部归因（external attribution)、学业不相容（或学业不适应，academic incompatibility)。结果证明模式的基本结构是正确的。前面已提到，模式中的变量解释了80%的学生完成学业总变量（Kember, D., 1995)。

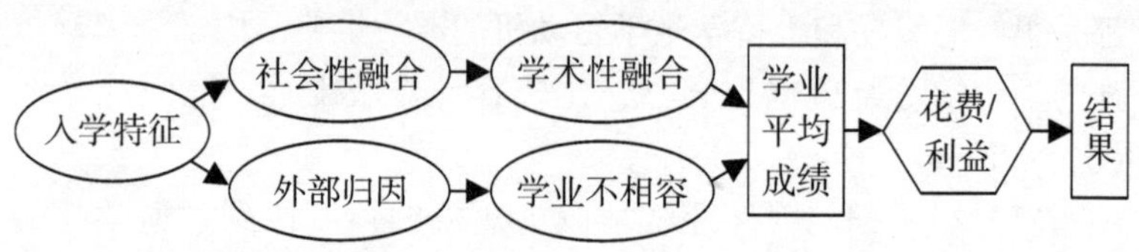

图5.9.1　坎贝尔的开放学习模型（Kember, 1995)

（二）学习能力和学习过程

早在20世纪初，就有学者开始提倡学习者要培养独立的学习能力，比如威廉·莱迪（William Lighty, 1915）、查尔斯·魏德迈（Charles Wedemeyer）、德林（Delling）等人。并非任何人都是天生的远程学习者，未必所有人都适应网络学习方式，因此，在整个学习期间还要注重激发和维持学生的动机和兴趣，培养学生的自主学习能力。目前，国内外探索和应用了许多符合成人学习特点的教学模式，比如教学文件夹（teaching portfolio）、基于项目的学习（project-based learning）、自主学习（self-directed learning）、研究性学习、协作式学习、混合式学习等教学模式。

二、远程教师

远程教育包括很多角色，比如学科教师、辅导教师（包括总部和学习中心的）和支持教师（或咨询教师）等。各类教师所要求具备的技能是不同的。对此，国外的辛普森（2002）、威廉姆斯（2000）等人有很详细的研究。

印度英迪拉·甘地开放大学的学者桑托斯·潘达（Santosh Panda, 2003）一直致力于远程教育教师职业培训的实践与研究。但除了少数几个课程计划，比如马里兰州大学的师资培训计划中专门培养网上教学技能的课程之外，在高等教育中几乎没有为那些准备从事网络教学的准教师提供这方面的课程。（Arthur Levine, Jeffrey C. Sun; 2003）

远程教师的工作量也成了研究议题。由于远程教育缺少了直接的交互，不定时的学生咨询就增多了，因此，很多研究都认为远程教师的工作量很大。然而，在《网络教师的工作量真的很大吗》一文中，迈克尔·辛普森（Michael Simpson, 2003）对此做了研究。该研究结果表明，远程教师工作量大仅是一种表面感觉，实际上，网络教学与校园面授教学的时间是对等的，甚至更少。不同的只是网络教师由于回答学生不定时、没有规律的提问而打散了自己的正常时间安排，以至于感觉总是没有时间去做自己的事情（http:// www. worldcampus. psu. edu/pub/home/fac/workload_ strat. pdf）。

三、远程教育领导者和管理者

远程教育领导者和管理者是远程教育从业人员角色中的四个核心角色之一（Williams, 2000），许多大学为此开设了专门的课程计划和期刊，比如马里兰大学的 MDE 硕士课程，美国西部教育通讯合作组（WCET）提供针对远程教育领导方面、为期数周的暑期培训班（http://www. wiche. edu/telecom/Events/）。美国的西佐治亚大学（University of West Georgia）创办了在线《远程学习管理杂志》（Journal of Distance Learning Administration），专门为远程教育管理者和研究者提供一个交流的平台。美国新英格兰大学的 Michael F. Beaudoin（2003）针对目前的研究现状建议将远程教育领导管理列为一个独立的研究领域。“远程教育领导管理这个领域的研究这么匮乏，直到现在还被忽视，而其他组织环境，最明显的就是在盈利企业部门，对组织领导却有着浓厚的兴趣（这从畅销书和高价研讨班等现象中可以看到），其可能的合理性解释是什么？……一个可能的因素就是该领域的研究论文多把自己看做是学者，倾向于去研究教育性的问题而不是行政管理方面的问题。”尽管如此，对远程教育“管理者”领导素质（leadership）的研究已经开始成为一门单独的学问（Sara Marcus, 2004）。

在国际远程教育界，有几位举足轻重的领导者。奥托·彼得斯把查尔斯·魏德迈看做是伟大的思想家，把英国开放大学创建校长沃特·佩里（Walter Perry）看做是远程教育伟大的实践家。前者在新观念兴起的时候能够抽象、综合和剖析新理念，并理清这些理念所具有的现实意义和应用价值，后者则能够将这些概念转化为一个新的机构，也就是英国开放大学，并引起后来一系列关于远程教育方面的变革。这些领导者能够让我们找到缔造其传奇地位的个性和实践。

“变革代理人”，就是能够领导一个革新项目或行业内的创新项目的人。他先对业务支持进行定义、研究和规划，然后谨慎地选择志愿者加入革新小组。变革代理人必须依据事实说话，即便结果会惹人不愉快。威廉姆斯认为，远程教育的领导者或变革代理人（leader/change agent）应该具备的专门能力包括行为示范能力、管理能力、市场推广能力、战略规划能力、政策制定能力和普通教育理论（Peter Williams，2000）。而管理者需要具备的能力比领导者要少，包括管理能力、预算能力、市场推广能力（marketing skills）、战略规划能力。这些能力的培养本身又可以成为研究的论题。

四、从业人员的专业培训

对远程教育从业人员进行培训始于 20 世纪 80 年代初，到 80 年代末，就开始有几所大学提供远程教育的学位计划了。澳大利亚的迪肯大学和南澳大利亚大学是先锋（迪肯大学还略早一些）。南澳大利亚大学之前名为“南澳大利亚高级教育学院”（South Australia College of Advanced Education，SACAE），1991 年升格改名为南澳大利亚大学，具有硕士学位授予权。由此，该大学的远程教育证书计划也开始升格为远程教育专业硕士学位计划，此后其学位计划无需再经过认证。1983 年南澳大利亚大学开设了研究生证书计划，1985 年和 1990 年两次通过再认证，1991 年开始提供远程教育专业硕士学位计划。它本身就采用远程教育的方式来向海内外学习者开展远程教学，当时培养了本校（即南澳大利亚大学）60 多位老师和外校（共 21 所）60 多位老师，而 ICDE 的主席就有 5 位是从这里获得远程教育专业证书培训的。当时的培训内容主要有：远程教育基础，远程教育中的课程开发，远程教育中的教学设计，远程教育管理，远程教育学生服务，远程教育评价，远程教育项目（project in distance education）（Ian Mitchell, 1993）。

自1989年起，美国宾夕法尼亚州立大学的远程教育研究中心（ACSDE）便开设了三门远程教育证书课程。修课的学生来自世界各地，每门科目3个学分，上课时数大约150个小时（Moore, 1993）。

进入90年代之后，远程教育从业人员培训如雨后春笋在世界各地出现了。许多学校不但提供证书培训还提供硕士学位教育。可以说，一直以来，远程教育从业人员都注重提高自身的专业素质，这也说明了远程教育领域有着其他领域（比如成人教育和教育技术）不可替代的特殊性。

第六章　远程教育学科之“矢”：课程体系

随着我国远程教育事业、产业的蓬勃发展，社会对远程教育专门人才的需求也急剧增加。开设远程教育学科专业，培养一支素质高、能力强、结构合理的远程教育专业队伍已经提到议事日程上来。而人才的培养必须依托于科学合理、符合学科特点的课程体系。另一方面，远程教育设立学科、成立专业的条件均已具备，却没有独立开设一门专业，这不利于学科和事业的发展。鲁姆伯尔认为，“学科体系结构的教育意义就在于它能直接影响实际的课程计划、组织和管理结构”。从学科发展角度来看，远程教育人才培养所用的课程体系应该体现出学科的内容体系。另外，借鉴一些学科发展相对成熟的国家的《远程教育学》课程体系，建立起我国的《远程教育学》课程体系是十分必要的。

第一节　远程教育学专业课程开设的国际背景

专业是根据学科分类和社会职业分工的需要，分门别类进行高深专门知识教与学活动的基本单位（薛天祥，2001）。专业作为培养学生的学业门类和各个专门领域，与学科之间具有一种内在的直接联系。科学领域有某些学科，高等教育未必就有这些专业，他们之间是不等量的。学科、专业遵循各自的规律，自成体系，因而它们之间始终处于一种动态的不平衡不等量的状态。换句话说，能开设专业不一定必须是学科，同时是一门学科也未必一定在大学开设相应的专业。

不管当时人们是否承认远程教育是一门学科，都不能逃避这样一个事实：远程教育早在 20 世纪 80 年代就已经作为一门专业在大学里开设了。早在 80 年代中期，人们就开始关注研究生层次的远程教育（Bynner，1986）。“几年前，远程教育工作者培训就开始以面授形式开展了，这些工作者主要来自第三世界国家。提供单位有负责远程教育开发的机构（比如波恩的德国国际发展基金会，伦敦的国际扩展大学等），也有一些大学和其他组织（比如威斯康星大学，国际远程教育协会等）。”（霍姆伯格，1986）远程开设“远程教育学”专业是一个最能体现专业特色的举措。像其他远程教学一样，“远程教育学”教学也要考虑课程体系、内容结构、学习材料、教学传递方式等问题。基更在 1991 年的调研显示：“在教育学院中有许多研究领域。教育心理学和教育原理被认为是必备的；特殊教育在如今也很盛行；课程理论在 70 年代一度盛行，在 50 年代兴盛的比较教育开始下滑。而教育管理、教育技术、远程教育和成人教育专业，在许多大学里是没有的。在学位教育方面做得突出的就是南澳大利亚大学和迪肯大学设立的远程教育硕士学位计划。”（Keegan，1991）

1983 年，澳大利亚阿德莱德文学和教育学院（南澳大利亚高等教育学院，South Australian College of Advanced Education）开设了第一个远程教育专业的研究生证书计划（Graduate Diploma，GDDEd），后该学院并入南澳大利亚大学。1991 年南澳大利亚大学与迪肯大学合作开设了世界上第一个远程教育硕士学位专业（Master of Distance Education，MDEd），学生在其中一所学校注册学习后将获得所在学校颁发的学位。当时南澳大利亚大学的负责人是布鲁斯·金（Bruce King），迪肯大学的负责人是乔斯琳·卡尔弗特（Jocelyn Calvert）和特里·埃文斯（Terry Evans），两所学校的项目团队合作开设课程、开发教材。可以说，南澳大利亚大学和迪肯大学的早期专业建设拉开了国际上远程教育专门人才培养和学科建设的序幕。

从90年代中期开始，国际上对远程教育专门人才的需求逐渐增加。美国高等院校联合开展远程教育证书培训计划的做法开始普及（Mary Lou，Santove，2004b）。许多学校跨国联合开展对远程教育从业人员的培训和教育，譬如后面将要提到的德国奥尔登堡大学和美国马里兰大学学院从一个培训项目开始合作，逐步扩大到包括证书培训、本科、硕士等多层次的教育和培训。目前，国外比较盛行的一种做法是，在设置课程或专业之前一般都要考察远程教育专业人员需要具备的能力素质，即做DACUM分析，以便设置合理的教育培训内容。

第二节　远程教育专业人员应具备的能力素质

1981年美国教育技术与传播协会（ACET）教学开发处专门组织研究小组来研究教学设计人才应具备哪些素质。远程教育领域也有许多关于从业人员素质方面的研究成果，研究成果比较突出的是美国的撒奇（Thatch，E.）和彼得·E. 威廉姆斯（Williams，Peter Ewell）。撒奇（Thatch，E.）早在1994年就在其博士论文中专门研究《远程教育专家对远程教育领域所需要的角色、行为和能力的看法》。他采用德尔斐法（Delphi，又称专家调查法）来确定远程教育职业人员（distance education professionals）应具备的素质和能力（competencies）。他调查了103名远程教育专家，在美国培训与发展协会（the American Society for

Training and Development，ASTD）开发的能力模型基础上，确定了远程教育专业人员的 11 个角色和相应的 10 项关键能力（roles，outputs and competencies）。"角色"是指一个可以包括任何数量能力的主要职能范围（Mclagan，1989），"能力"是产生某种产品或提供某种服务所需的知识或技能（Mclagan，1983）。远程教育领域有 4 个最重要的角色：行政管理者、教师或指导者（学科辅导教师）、教学设计人员和技术专家（Thach，E. C. & Murphy，K. L.，1995）。

Texas A&M 大学远程学习研究中心的威廉姆斯博士（Williams，2000）在其博士论文《对高等教育机构中的远程教育角色、素质的界定：借助计算机的德尔斐研究》（Defining distance education roles and competencies for higher education institutions：A computer-mediated Delphi study）中重复了此项研究，得到了类似的结果。他确定了远程教育从业人员的 13 个角色以及这 13 个角色需要具备的 30 项一般能力（generic skills）和每个角色所需要的专门能力（specific skills）。这 13 个角色及其需要具备的特殊能力如下：

（1）行政管理者：需具备的专门能力有管理能力，预算能力，市场推广能力（marketing skills），战略规划能力。

（2）教师/指导者（facilitator）：熟悉学习内容，教学策略/模式，普通教育理论，网络教学能力（skill with Internet tools for instruction），交互式技术的教学设计，图书馆研究能力，行为或技能示范能力（modeling of behavior/skills）。

（3）教学设计人员：教学设计能力，交互式技术的教学设计能力，了解媒体属性，普通教育理论，文字排版能力，网络教学能力，教学策略/模式，网络编程能力，学习风格和理论，网页制作能力。

（4）技术专家：计算机硬件技术，技术操作/修理能力，网络教学能力。

（5）教学点教师/代理人（site facilitaor/proctor）：专家在其所应具备的非常重要的能力上没有一致的看法。

（6）教学支持人员（support staff）：建议/咨询能力。

（7）图书管理员：图书馆研究能力。

（8）技术员：计算机硬件技术，技术操作/修理能力，计算机组网能力（computer networking skills）。

（9）评价专家：一般教育理论。

（10）图形设计人员：图形设计能力，文字排版能力，了解媒体属性，网络教学能力。

（11）培训人员：培训能力，行为/技能示范能力，普通教育理论，教学策略/模式，网络教学能力，建议/咨询能力。

（12）媒体发布人/编辑（publisher/editor）：网络教学能力，图形设计能力，了解媒体属性。

（13）领导者/变革代理人（leader/change agent）：行为/技能示范能力，管理能力，市场推广能力，战略规划能力，政策制定能力，普通教育理论。

与撒奇1995年的研究得出的11个角色相比较，威廉姆斯的研究多了“研究人员”和“领导者/变革代理人”两个角色。

13个角色需要具备的30项一般能力是：合作/团队协作能力，基础技术知识，人际沟通技能，英语能力（English proficiency），对远程教育领域的认识，写作能力，提问能力，创建协作型、以学生为中心的学习环境的能力，成人学习理论，了解支持服务，反馈技能，组织能力，技术使用能力，计划能力，软件使用能力，了解知识产权、合法使用和版权法规，协调能力（讨论能力，discussion skills），公共关系能力，多媒体知识，展示能力（或译成“讲解能力”，presentation skills），咨询能力，评价能力，群体协作能力（group process skills），编辑能力，项目管理能力，领导变革的能力（change agent skills），谈判能力（negotiation skills），需求分析能力，数据分析能力，个人管理能力（personal organization skills）。

通过以上对各有关能力素质研究的呈现，我们可以看出，远程教育既需要研究型人才，又需要实践型人才；远程教育专业既要开展远程教育的一般知识和能力教育（比如对远程教育的本质认识、对整个远程教育系统各要素的认识和评价、对远程教育的管理等），又要让学生具备今后工作所需要的某些专业素质（比如远程教学人员、管理人员、远程教育的教学设计师、技术专家或评价人员等角色需要各不相同的技能）。至于不同层次、水平的远程教育工作者（如课程证书 certificate，毕业证书 diploma，或者硕士层次，博士层次）应具备哪些素质和能力还需系统设计。

陈丽及其带领的研究生 2005 年在其“十五”课题《远程教育方向专业人才能力结构研究和主干课程的开发》中，在借鉴上述提及的学者的研究成果基础上，也进行了许多有益的探讨和尝试，并直接促成了“远程教育”硕士专业在北京师范大学的成立。

以上所谈到的远程教育从业能力和素质的研究与笔者的学科体系的研究有很大的相关性，这主要表现在：

（1）这 13 个角色人员可以对应地分配到前面第四章所分析的实践应用层所有 7 个领域的主体，毕竟人是实践活动的主体。比如在学习支持服务领域活跃的主体应该包括：教学点教师/代理人、教学支持人员和图书管理员；在远程教育管理领域的主体包括：行政管理者和领导者/变革代理人；远程教育政策法规的制定领域的主体包括：领导者/变革代理人；远程教育评估认证的主体包括：评价专家；远程教育教与学领域的主体包括：教师/指导者和培训人员；远程教育媒体技术开发和支持领域的主体包括：教学设计人员、图形设计人员、媒体发布人/编辑、技术专家。

（2）这些能力要求（包括一般能力和角色特殊能力）应该作为课程体系设置的基本依据之一，应该在课程内容上有所体现。

不同角色对应不同的能力组合，而不同能力的培养又需要依托不同的课程，因此，在对远程教育从业人员进行培训时可以根据其角色不同选择不同的课程模块组合，这也在一定程度上既能体现课程体系的灵活性，也能体现课程体系的层级性。比如，对于行政管理者来说，它的基础课程（或导论课程）是《远程教育管理》，但后面依据其角色特殊能力要求还会衍生许多更细致、更专业的课程，例如《远程教育经济学分析》（或《远程教育成本分析》）、《人际传播学》、《项目管理学》、《行政管理学》、《营销学》等。再比如，对于远程教师/指导者而言，其基础课程应该是《远程教学导论》，其核心课程应该包括：《×××学科教学法》、《教学策略》、《教育原理》、《教育技术学》、《媒体教学设计》、《教学风格》（注：对应培养的是“行为或技能示范能力”）等。依此类推，就可以初步搭建远程教育专门人才培养的课程体系。

第三节 国外五所院校的远程教育专业硕士课程体系比较

一、美国马里兰大学学院

美国马里兰大学学院（University of Maryland University College，UMUC）是马里兰州第二大高校，专门为在职人员提供高等教育。该校1994年开始提供电子化课程，到2001年，已经有70%的学位课程教学是在网上进行的。2001年，UMUC获得“斯隆异步学习网络联盟”（Sloan Asynchronous Learning Network，ALN）的“校园异步学习优异奖”（Consortium Award for Excellence in Institution-Wide ALN Programming）。1999年9月其在线远程教育专业硕士课程得到马里兰州教育委员会的批准。2000年1月开设了第一门课程《远程教育基础》。该专业是由德国Carl von Ossietzky大学（位于奥尔登堡市）远程教育中心的尤瑞奇·伯纳什（Ulrich Bernath）和美国马里兰大学学院教学设计中心主任（Director of the Office for Instructional Design）尤金·鲁宾（Eugene Rubin）共同创办的，直到现在还是由两个学校联合提供远程教育专业课程。他们从一开始就请国际远程教育领域的顶尖专家担任课程顾问和指导者，比如《远程教育基础》就是由鲍耶尔·霍姆伯格、奥托·彼得斯、托尼·贝茨和加里·米勒（Gary Miller）共同担任指导教师的。课程是完全在线的，采用的传输平台是UMUC自己开发的WebTycho。2003年5月8日，马里兰大学学院研究生院远程教育系主任尤金·鲁宾亲手接过了美国大学继续教育协会（University Continuing Education Association，UCEA）教务长尼克·艾伦（Nick Allen）颁发的奖状。该奖主要是肯定他们在与国际名校合作、聘请国际知名教师和课程门类多样、结构优良等方面突出的成就。

（一）课程简要介绍

- 学分：36个学分，且完全在线（包括最后的毕业论文或项目）。
- 培养目标：培养远程教育工作者的领导才能，使学生成为远程教育管理型人才。
- 国际合作：与德国奥尔登堡市的Carl von Ossietzky大学合作，而且希望将来能与亚洲和中/南美洲的名校开展合作。

■ 教师队伍：采用“客座专家”模式（“visiting experts” model），专业教师都是来自美国、加拿大、德国、英国、瑞典、澳大利亚、新西兰和以色列等国。

■ 专业层次：除了硕士层次之外，也提供12学分/4门课程的证书计划（类似我国的研究生进修班），它可从与远程教育有关的5个方向或领域中选择。

■ 计划具有长远性：这门专业的硕士课程计划从2003年7月一直做到2006年春季（每年有春、夏、秋三个学期），而且声明：（1）每个学期不一定开设列出来的所有课程。如果选学人数太少，课程可能会被取消。（2）教学计划只是一个大致的计划，根据实际情况会有所变动。（3）根据实际需求情况和师资情况，一门课可能同时开设多个班级。

（二）课程结构

课程内容注重培养学习者的综合能力和素质，而不局限于单一方面，譬如教学设计与开发、教育技术和管理与组织等，而且课程内容在教育学、经济管理和技术应用3个方面之间保持平衡。课程结构包括3个模块：必修课（7门×3学分=21个学分）、选修课（4门×3学分=12个学分）和学位课程（论文或项目3个学分），共36个学分。

（1）必修课包括：OMDE 601—远程教育基础（第一学期必修课），OMDE 602—远程教育系统，OMDE 603—远程教育技术，OMDE 604—远程教育管理2：远程教育领导，OMDE 606—远程教育管理1：成本分析，OMDE 607—远程教育教学设计和课程开发，OMDE 608—远程教育培训和学生支持服务。

（2）选修课包括：OMDE 611—远程教育图书馆/（学习资源）服务，OMDE 614—知识产权和版权，OMDE 620—多媒体学习和培训，OMDE 621—远程培训，OMDE 622—远程教育营运(The Business of Distance Education)，OMDE 623—虚拟大学网络学习与教学，OMDE 625—发展中国家远程教育的国内与国际政策，OMDE 626—发展中国家远程教育使用的技术，OMDE 631—远程教育高级技术 1：同步学习系统 ，OMDE 632—远程教育中的高级技术 2：异步学习系统，OMDE 633—信息技术与远程教育。

（3）毕业考核课程包括：OMDE 690—远程教育文件夹和项目研究（Distance Education Portfolio and Project)。这门课程主要有两个任务：①创建自己个性化的远程教育文件夹，可作为持续的学业资源又可以为以后谋职所用；②为一个远程教育培训组织开发一门课程，或对它进行个案研究，目的就是让学生所学到的各门课的知识有展示的舞台和应用的机会，展现学习者培养起来的专业素质水平。

二、加拿大阿萨巴斯卡大学

加拿大阿萨巴斯卡大学（Athabasca University，AU）的远程教育中心自始至终都紧贴市场需求环境，提供高质量的远程教育专业硕士课程。开设前组织专家研讨，开展市场调研，进行需求分析，操作程序相当规范严格，课程内容也是经过严密的论证后才确定下来的。早在 1993 年，阿萨巴斯卡大学远程教育中心的几个老师就开始对远程教育专业硕士课程内容及其难度水平、学生应具备的理论和实践能力等方面进行能力分析、课程开发(DACUM，Develop a Curriculum)。DACUM 译为“课程开发”，它与 CBE 有关。CBE（Competence Based Education）译为“以能力培养为基础的教育”或“能力本位教育”。CBE 是一种强调对各种能力（知识 + 技能）的详细表述，学习和练习的教育模式，这些能力是指那些对某种给定的职业，职责或职务而言非常重要的能力。而 DACUM 是 CBE 模式中的一种以委员会会议的方式进行“职业能力”等分析，进而提出某个专业课程方案的过程与方法。此种方法与前面第二节谈到的威廉姆斯的能力和角色分析法是一致的。此外，他们还对人才培养问题进行了行动研究，从计划开设这个远程教育硕士专业起，就做市场需求分析来确认远程教育实践工作者所需要培养的能力素质，这个阶段的组织专家和教师，采用头脑风暴法来提出各种各样的能力素质，然后将其归类，对应地确定出主干课程和选修课程，作为第一期课程开始开设。开设以后也不是一劳永逸的，还要组织课程编写教师和第一线的教学老师组成“调研”（inquring）小组，共同探讨如何修改和完善课程内容。这样进行了多轮的、持续的课程修订工作，使得整个课程计划设置的工作流程非常规范。在这种多轮持续的课程开发分析和课程修订过程中，教师本人也在自我反思和专业素质提高之间得到了成长（Mohamed Ally & Dan O Coldeway，1999）。

AU 开设的远程教育专业硕士课程内容有：MDDE 601—远程教育与培训导论，MDDE 602—远程教育研究方法，MDDE 603—远程教育系统设计，MDDE 604—远程教育中的教学设计和课程评价，MDDE 605—远程教育培训的计划与管理，MDDE 610—远程教育培训技术入门，MDDE 611—成人教育基础，MDDE 612—实践学习（Experiential Learning），MDDE 613—成人学习与发展，MDDE 614—开放远程教育的国际问题，MDDE 615—教育技术中的人力因素，MDDE 617—成人与继续教育中的课程规划，MDDE 620—远程教育与培训中的高级技术，MDDE 621—远程教育与培训中网络教学，MDDE 650—专题讲座：远程教育与培训中的指导和学生支持，MDDE 651—特别专题：远程教育中的性别问题，MDDE 660—专业研讨会，MDDE 661—主题研讨会：教育视频会议系统，MDDE 662—主题研讨会：评价教育视频会议系统，MDDE 663—远程教育技术中的新问题，MDDE 690 - 91—独立学习，MDDE 696 - 99—论文/项目。

阿萨巴斯卡大学在2008 年 8 月开设了北美第一个教育学博士层次的远程教育专业学位计划。

三、美国新东南大学

美国新东南大学（或诺娃东南大学，Nova Southeastern University）提供教育技术和远程教育专业的硕士和博士两个层次的学位计划（Program in Instructional Technology and Distance Education，ITDE），它将教育技术和远程教育两个专业联合起来，颁发 ITDE 硕士学位。专业情况如下：

- 课程教学方式：学制 3 年，在线学习与校园学习相结合，包括 6 次校园面授和 3 个学期的在线远程学习，学生分班，每班 20 ~ 30 人。
- 学生对象：来源广泛，包括各级教育工作者（教师、媒体专家和管理者），信息技术专家、政府企业培训专家，教学技术专家，培训的管理者和组织者，课程开发者，师资培训人员和远程教育项目协调员。
- 平台：采用的是 WebCT4. 1，且不断更新升级。
- 主要覆盖以下几个领域的知识：远程教育与领导管理、研究和评价 I、媒体和技术、教学设计、研究和评价 II、系统设计、教育技术和远程教育的管理和应用、技术趋势与问题、领导实务和应用毕业论文。

这里顺便提一下其博士学位课程，它要求学生修满 65 个学分，如 2004 年春季入学的博士学位（3 年）课程包括：远程教育基础，领导与管理基础，研究设计与方法，项目评价和政策分析，教学媒体、教育技术基础，教学设计导论，教学开发与传递，教学系统导论，系统分析与设计，统计学方法，测量、测验和评价，ITDE 管理与评价，远程教育技术的应用，ITDE 趋势，ITDE 问题，管理实务和应用研究（包括论文选题、论文申请、毕业论文 3 个部分）等。

四、澳大利亚南昆士兰大学

澳大利亚南昆士兰大学（The University of Southern Queensland，USQ）是双重模式大学，在 1999 年詹姆斯·泰勒担任副校长期间获得了国际远程教育理事会评定的“机构卓越奖”。在远程教育硕士专业（Master of Distance Education，MDE）方面，USQ 规定学生报读硕士课程必须要具备一定的入学条件：①具有本科学历或学士学位；②具有在远程教育或相关领域中教学或管理的经验；③具备所要求的外语水平（母语不是英语的学生要出示 TOEFL 成绩）。此外还要具备上网条件，具备所需的网络环境下学习必备的信息技能。许多课程都要分两个学期，甚至 3 个学期开设。此外该校对课程选修顺序和开设的学期做了计划，以保证学生循序渐进地学习，提高学习效果。

南昆士兰大学提供远程教育专业多种层次的课程：课程证书（certificate）、文凭证书（diploma）、专科（associate degree program）、本科（bachelor）、硕士（master）和博士（doctor）。网络教育专业（Master of Online Education，MOE）的硕士课程计划分两种：一种是 8 门课程的（MOE1：8 units），另一种是 12 门课程的（MOE2：12 units）。总课程体系包括 16 门，必修 8 门，具体如下：

FET5600—在线与分布式学习，FET5601—灵活学习的教学设计，FET8641—在线教育、技术与全球化（此 3 门是基础课）；FET5620—文字教材的设计与开发；FET5621—网络出版导论（Introduction to Web Publishing）；FET5622—交互性多媒体的创作，FET8601—在线教学：策略与技巧，FET8602—灵活学习课程的评价，FET8603—评价：原理与实践，FET8610—网络学习环境的创建，FET8620—多媒体教育应用，FET8621—视音频的教育应用，FET8640—技术管理和组织发展（以上是专业课）；FET5660—导师指导项目 I（SUPERVISED PROJECT I），FET8661—导师指导项目 II，FET8801—教育研究方法（此 3 门课程是研究项目）。

值得注意的是，这所学校还同时开设与网络教育硕士专业密切相关的教育技术硕士专业（Master of Education Technology，MET）和灵活学习硕士专业（Master of Flexible Learning，MFL），均采用远程形式的教学方式。

五、澳大利亚迪肯大学

迪肯大学（Deakin University）是双重模式大学，40% 的学生是通过远程方式学习的。该大学的灵活在线和远程教育硕士课程计划（Flexible，Online and Distance Education，E795）是职业教育和培训专业硕士学位（Master of Professional Education and Training，MPET）的 3 个研究方向之一，此外，还有成人教育与培养（Adult Education & Literacy，E793）和职场与职业教育（Workplace & Vocational Education，E797）两个研究方向；学习方式有在校学习和远程学习两种供学生选择，但 TESOL（对说其他语言的学生的英语教学）课程必须亲临学校学习。学位要求修满 8 个学分，一门课程一个学分，专业特色课包括 4 门：ECX703—灵活在线与远程教育中的媒体、文本、技术（Media，Texts and Technologies in Flexible，Online and Distance Education），ECX709—灵活在线和远程教育中的电子学习（E-learning in Flexible，Online and Distance Education），ECX711—灵活在线和远程教育基础（Foundations of Flexible，Online and Distance Education），ECX712—灵活在线和远程教育的战略应用（Strategic Applications of Flexible, Online and Distance Education)。此外，还要学习的3门基础课（公共课）是：EXE731—职业教育的推进(Advancing Professional Development), EXE735—评估：改善和责任（Evaluation: Improvement and Accountability）, EXE737—学习型组织的领导和管理（Leading and Managing Learning Organizations）。

六、综合比较

(一) 个性与共性

通过对以上国外5所大学远程教育硕士专业开设情况的介绍，我们可以看出：他们各有特色，都具有较强的代表性。

(1) 从层次上看，澳大利亚南昆士兰大学、加拿大阿萨巴斯卡大学和美国新东南大学则具有从单科证书教育一直到博士学位教育最完善的办学层次；

(2) 迪肯大学则将远程教育作为一个研究方向设立在职业教育与培训专业里，美国新东南大学把远程教育与教育技术两个专业合二为一，合并开设并授予“远程教育和教育技术学”硕士学位；

(3) 加拿大阿萨巴斯卡大学的课程结构体系完整，培养规格多元，不仅可以培养学术研究人员，还可以培养实践管理人员，教学组织形式也因此不同，它也很重视成人教育理论的学习；

(4) 美国马里兰大学学院的远程教育硕士专业是5所大学中课程体系最为完善、结构最优（学术研究与实践应用平衡得最好)、质量最好的，且开设远程教育成本分析课程。

还有美国的佛罗里达州立大学、威斯康星—麦迪逊大学，加拿大的不列颠哥伦比亚大学，英国开放大学等诸多提供MDE的学校，限于篇幅，这里不再列举。

除了在课程体系的组合上各有特色外，他们在实际开设中又有许多优秀的经验值得我们借鉴，这包括：①远程教育专业的课程要采用网络远程授课形式；②国际合作可以保证优秀的教师队伍，特别是汇集世界远程教育的专家共同组成教师团队共同在网上引导学生学习；③专才和通才并重，既培养远程教育学术型人才（或研究型人才），又培养应用型人才（如教学设计人员、媒体开发人员等）；④课程设置流程规范。开设前要进行市场调研，开展需求分析，确定远程教育专业的培养目标和课程体系；开设过程要开展行动研究，不断修改和完善课程类目和内容。

非常重要的是，这些学校的 MDE 课程体系在内容上与前面笔者所构建的学科内容要素基本一致。另外，UMUC 的 MDE 课程体系与 Texas A&M 大学威廉姆斯博士研究结果中的 13 个角色及其所对应的特殊能力要求非常吻合。这也证实了笔者的预想：可以依据学科结构体系和内容体系以及从业人员角色能力要求来设置课程体系。

（二）专业建设和课程设置唇齿相依

一般来说，一门学科未必设立专业，设立的专业也未必一定是一门学科。外部特征与内部特征是表里关系，相依共同构成一个统一体，就像人的思维一样，没有大脑这个物质载体也谈不上思维这个精神实质，实践和理论，对学科和专业同样重要。

学科—专业—课程是紧密联系的整体。缺少了专业和课程，学科不能充分发展；缺少了专业，人才培养无从谈起；缺少了课程，专业只能是虚设。专业独立、学科发展以及课程设置应该协同并进。

第四节　我国远程教育专业硕士课程体系设置

一、中外远程教育专业课程计划的差异比较

通过对国内外远程教育专业硕士课程计划设置的比较并结合问卷调查的结果，笔者还发现中外远程教育专业在制度上存在很大的差异。

1. 专业独立性的差异

课程体系的载体是专业。从这些学校的 MDE 专业所挂靠的部门：UMUC—管理与技术研究生院（Graduate School of Management & Technology），AU—远程教育中心（the Center for Distance Education），新东南大学—教育与人文服务学院（School of Education & Human Services），迪肯大学—教育学院（Faculty of Education），南昆士兰大学—教育学院（School of Education），可以看出，国外远程教育可以独立设置，也可以挂靠在教育技术学、职业教育或教育心理学等专业下面。国内远程教育硕士研究方向主要是依托教育技术专业培养，硕士学位是教育技术学的，对教育技术学有较强的依附性。

2. 专业审批程序的差异

美国和加拿大学历专业设置前期一般都会做市场需求分析，然后提交书面申请给学校和当地州教育行政部门，申请通过了就可以设立。这样设置的专业和课程体系具有良好的动态性和较强的弹性。在开设过程中美国则会有专门的研究生课程计划认证协会周期性地对其进行认证来保证其质量。而中国大学专业的开设主要依据是考察申请学校是否具有本学科方面良好的师资队伍和

学术团队，因师设“专业”，一般较少进行前期市场需求调研和专业能力的分析。

另外，国内专业申请的程序很复杂。欲成立专业，相关部门需要将书面申请先提交给学校，然后再层层通过省级和部级教育行政部门上报，而教育部学位办评判的主要依据就是国家学科专业目录。如果要开设国家学科专业目录中所没有的新专业，则要经过更为复杂的程序。这种模式下成立的专业一般是以学科专业目录为纲，学科本位意识浓厚。且专业一旦设立其质量保证只能靠机构的自律行为，没有全国性的检查和认证或再评估，这样就造成许多学校的专业课程体系或过于倚重知识传授，或过于陈旧，或结构不合理等弊病。

3. **专业设置层次的差异**

本研究问卷调查显示，国内外专家在“远程教育是否应在大学开设专业”这一问题上，80.6%的中外专家认为应该开设专业，但认可程度明显不同：外国专家和学者全部（100%）认为应该在大学开设专业，而只有64.7%的中国代表认为可以在大学开设专业。认为“应该在大学开设专业”的中外专家对各层次专业的赞同比率由大到小依次是硕士（72%）、短期培训（56%）、本科（44%）和博士（40%）。

中外学者在专业开设层次上的看法也有差异，见图6.4.1。国外学者主要认为应该在硕士层次和证书培训层次上开设专业的样本比例均为60.7%，而在本科和博士层次上的赞同率一致偏低，均为39.3%。国内学者主要认为应该在硕士层次（86.4%）开设专业，其次才是本科和证书培训，比例均为50%。另外，中外学者对博士层次开设专业的认可程度都是最低（40%左右）。

我国的实际情况与调查的结果是一致的，即集中开设的是硕士层次的课程计划。截至2005年6月，我国只有硕士和博士两

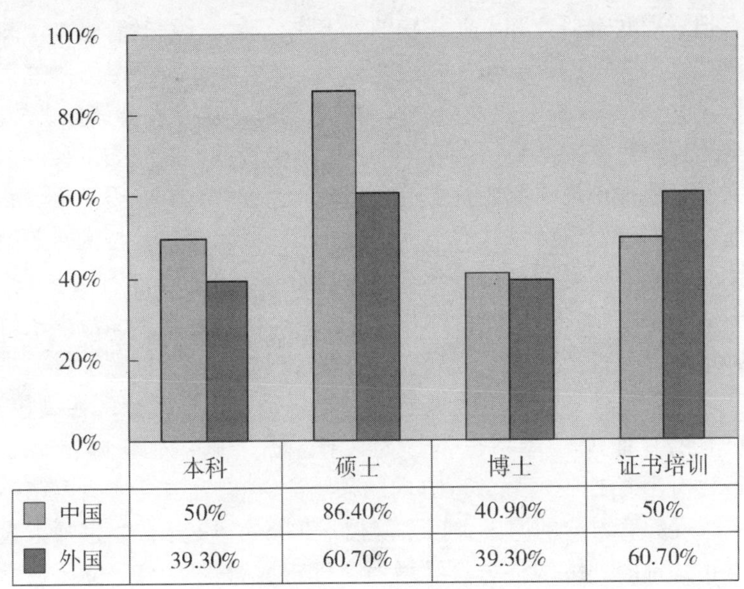

图 6.4.1 专业开设层次

（以持“专业观”的学者为样本，共 50 人）

个层次的课程计划，而且，仅作为教育技术学专业的一个研究方向开设学位教育，代表高校有北京师范大学、华南师范大学和首都师范大学，其中前两个学校是国内仅有的两个教育技术重点学科点。这都为设置远程教育本科、硕士专业和学科独立创造了一定的起步条件。

二、我国远程教育专业硕士课程体系设置

在我国，还没有远程教育专业学术委员会之类的机构来指导高校专业课程计划的设置，还没有一个负责专业建设和学科发展的远程教育委员会。2000 年 7 月成立的全国高校现代远程教育协作组的工作范畴只是涉及教学、考试管理等方面的合作，还没

有把远程教育研究和专业设置纳入工作范畴。远程教育是中国教育技术协会[①]工作范畴的一小部分，通常只负责统管课题研究工作。它下设20个专业委员会，除了教育技术学专业委员会之外，与远程教育有关的委员会有3个：广播电视教育专业委员会、远程教育管理理论研究专业委员会和中学远程教育专业委员会。然而，国内远程教育领域的学术交流并不活跃。而教育技术专业则不然，它有"教育部高等学校教育技术学专业教学指导委员会"专门负责本学科的培养目标和培养方案、国内外学术交流以及教师培训、教育技术本学科战略研究等宏观方面的工作。

由于缺少专业委员会做学术引导和课程体系设计，在高校，已有的专业课程体系也不尽如人意。据了解，北京师范大学1992年开始招收远程教育方向的硕士生，1997年成为国内第一个远程教育方向的博士生招生院校，2005年12月，北京师范大学正式批准一级学科教育学增设"远程教育"硕士学位授权学科，这是我国第一个独立设置的"远程教育"硕士学位专业。华南师范大学远程教育研究所2001年在教育技术学硕士点下设远程教育方向培养博硕士研究生。我国高校远程教育研究生培养单位主要有北京师范大学、华南师范大学和首都师范大学等高校，总体数量大致有41所（丁兴富、张秀娟，2010）。课程体系的设置流程还需要进一步规范，课程内容还有待更新和完善。

在设置课程之前，首先要明确专业培养目标。笔者认为，远程教育硕士专业的培养目标是：培养适应我国社会主义现代化建设，具有扎实的远程教育基础知识和理论、严谨的治学态度和较强的开拓创新精神，熟练掌握教育信息技术并能解决远程教育重大实际问题的高级专门人才。具体是指能够在普通高校、广播电视大学（开放大学）系统、继续教育机构、企业大学、中小学

① 中国电化教育协会成立于1991年，2002年改名为"中国教育技术协会"。

以及其他政府社会系统内开展远程教育发展研究、技术应用和服务管理的高素质人才，具体要求如下：

（1）具有广博的远程教育学科专业知识和扎实的理论功底，热爱开展基础性研究，善于创新学科知识体系、推动学科发展的学术型人才；

（2）熟练开展远程教育教学系统设计、媒体资源开发以及提供专业化和智能化的学习支持服务的技术型和应用型人才；

（3）熟悉远程教育质量保证和评估，能够针对不同的社会需求和保障条件制定远程教育政府、院校和社会战略发展规划的管理型人才。

综合对国外硕士课程计划的个案研究、对远程教育专业人才素质能力的考察以及对学科体系内容要素的探讨，笔者拟提出远程教育硕士层次的课程体系，见表6.4.1。

表 6.4.1 “三层四模块”远程教育专业硕士课程体系

项目实践 + 学位论文			
远程教育基础研究	**远程教育知识媒体**	**远程教育课程与教学**	**远程教育政策与管理**
方向核心课	方向核心课	方向核心课	方向核心课
远程教育理论原理	数字化资源的设计与开发	远程教育课程设计与开发	远程教育管理学
远程教育发展史	人工智能与教学平台开发	远程教学交互与策略	远程教育评估与质量保证
远程教育前沿动态	远程教育硬件环境建设	学生支持服务系统	远程教育政策法规研究
专业选修课	远程教育教学法 远程教育系统管理 远程教育资源设计与开发 远程教育技术应用		
专业基础课	远程教育研究导论 远程教育研究方法论		

该课程体系由包括专业基础课、专业选修课、方向核心课、项目实践和学位论文组成。设计如下：专业基础模块（6 个学分）、方向核心模块（9 个学分）、专业选修模块（3 个学分）、项目实践和学位论文。课程体系应依据不同的人才培养目标、培养层次和培养规格以及社会需求，可以有重点地选择和细化；随着远程教育学科的发展，不断扩充课程体系的深度和广度。

第七章　中国远程教育学科建设之路

It is the development of distance education as an academic discipline that will have the most profound effect on its practice in the future.

远程教育以一门学科来发展，将会对未来的实践产生最为深远的影响。

——Eric Gough

一、远程教育学科将逐步独立和建制

无论是从内部纵向探究，还是从外部横向比较，远程教育在其自身实力和外部特征方面无不展示其学科的独立性。“一般地说，学科的产生主要来自两方面的动力：社会的需求和学科发展的内在逻辑。在具体的不同学科中，两者的作用并不总是‘平衡’的。许多学科的产生来自社会需要的动力往往大于来自学科内在逻辑的力量。……高等教育学走过的就是这条道路。”（杨移贻，2000）统观成人教育学、教育技术学，其学科创建道路莫不如此。远程教育以“运用教育技术对教和学的活动重新整合”为实践本体和研究起点，在国内外教育实践中展示了其特有的存在价值和研究价值。因此，有足够理由将远程教育作为学科来独立创建，使其快速地以专业为载体走上学科、专业、事业三者良性互动的轨道。

二、缩小研究差距，继续扩大本土研究的学术影响力

在对中外远程教育学术发展情况做系统梳理和细致对比后，笔者有以下4点发现：首先，国外远程教育实践与研究并进，学科发展遵循的是内源性发展路线，而中国远程教育学科则是由实践引领研究，遵循外源性发展路线；其次，从学科表现的外部特征来看，国外远程教育学科已经建制，而国内才正在建制；再次，从大量的文献内容分析来看，国外远程教育学科自检意识较强，学术争鸣直指领域内核，而国内学科意识才开始萌芽，各子领域研究方兴未艾；最后，在学科发展水平方面，国外远程教育学科已经形成并正在发展，而国内远程教育学科（或研究）仍处在正在形成阶段。中外远程教育学科发展水平不同，我们要不失时机地缩小差距，提高我国远程教育学术研究的国际影响力。

三、遵循“三结合”模式设置远程教育专业课程体系

通过研究发现，本文分析的5所大学的远程教育硕士课程体系与对国内外60多位远程教育专家调查得出的9个学科内容要素和国外学者所做的专门人才素质能力分析结果非常一致。因此，笔者认为，应该遵循能力分析、需求分析和学科内容要素相结合的“三结合”模式来设置远程教育专业课程体系。

远程教育学科若要真正得以创建，还要在以下几个方面继续开拓。首先，要加快面向实践学科理论体系的建设，特别是中国本土的理论体系建设，这是实质性的工作，也是关键性的工作；其次，努力争取其他学科和行业的支持，为远程教育学科的创建和发展培育必要的社会环境，获得条件保障；再次，加强国内远程教育界的工作交流和学术交流，为学科的创建培育良好的学科文化；最后，以现代远程教育工程试点为契机，及时开展人才需

求调查与从业人员培训，设置合理的课程体系，开发优质的职业培训或研究型教材，为将来的远程教育从业人员培训和资格认证积累必要的经验。

参考文献

1. Ally, Mohamed & Dan O. Coldeway. (1999) Establishing Competencies and Curricula for the Distance Education Expert at the Master's Level. *Journal of Distance Education*. http://cade. athabascau. ca/vol14. 1/ally - et - al. html.
2. Bates, A. W. Tony. (1995) Technology, Open Learning and Distance Education (Routledge Studies in Distance Education), Routledge.
3. Bates, A. W. Tony. (1999) Managing Technological Change: Strategies for Academic Leaders. San Francisco: Jossey Bass.
4. Beaudoin, M. F. (2003) Distance Education Leadership for the New Century. *Online Journal of Distance Learning Administration*, 6 (2). http://www. westga. edu/%7Edistance/ojdla/summer62/beaudoin62. html.
5. Berge, Zane L. & Susan Mrozowski. (2001) Review of Research in Distance Education, 1990—1999. *American Journal of Distance Education*, 15 (3): 1 - 15.
6. Calvert, J. (1988) Distance Education Research: the Rocky Courtship of Scholarship and Practice. Keynote to the 14th ICDE Conference, Oslo.
7. Calvert, J. (1995) Mapping Knowledge in Distance Education. 17*th World Conference for Distance Education—One World, Many Voices. Quality in Open and Distance learning*. Vol. 1: 384 -

389, International Council for Distance Education and the Open University, UK, Birmingham.

8. Daniel, J. S. (1996) Mega-Universities and Knowledge Media: Technology Strategies for Higher Education. London: Kogan Page.

9. Garrison, D. R. & Terry Anderson. (2003) E-Learning in the 21st Century: A Framework for Research and Practice. London: Routledge/Falmer.

10. Gellman-Danley, B. & M. J. Fetzner. (1998) Asking the Really Tough Questions: Policy Issues for Distance Learning. *Online Journal of Distance Learning Administration*, 1 (1).

11. Gunawardena, C. (1995) Social Presence Theory and Implications for Interaction and Collaborative Learning in Computer Conferencing. *International Journal of Educational Telecommunications*, 1 (2-3): 147-166.

12. Harry, Keith, Magnus John & Desmond Keegan. (1993) Distance Education: New Perspectives (Routledge Studies in Distance Education).

13. Holmberg, Börje. (1983) Distance Education as an Academic Discipline. *ICDE Bulletin*, 2: 50-53.

14. Holmberg, Börje. (1987) Growth and Structure of Distance Education. London: Routledge.

15. Holmberg, Börje. (1995a) Theory and Practice of Distance Education. London: Routledge.

16. Holmberg, Börje. (1995b) Status and Trends of Distance Education, London: Routledge.

17. Keegan, Desmond. (ed.) (1993a) Theoretical Principles of Distance Education. London and New York: Routledge.

18. Keegan, Desmond. (1993b) Foundations of Distance Education. London: Croom Helm.

19. Kember, D. (1995) Open Learning Courses for Adults: A Model of Student Progress. Englewood Cliffs, NJ: Educational Technology Publications. Health Sciences Library USYD/H 374.13 KEM

20. King, James W., Gwen C. Nugent, Earl B. Russell, Jenni Eich & Dara D. Lacy. (1999) Distance Education Policy in Post-Secondary Education: Nebraska as a Case Study. In *Proceedings: 15th Annual Conference on Distance Teaching and Learning*. University of Wisconsin, Madision, 275 – 281.

21. King, James W., Gwen C. Nugent, Earl B. Russell, Jenni Eich & Dara D. Lacy. (2000) Policy Frameworks for Distance Education: Implications for Decision Makers. *Online Journal of Distance Learning Administration*, 3 (2). http://www.westga.edu/~distance/king32.html.

22. Koble, Margaret & Ellen L. Bunker. (1997) Trends in Research and Practice: an Examination of the American Journal of Distance Education 1987 to 1995. *American Journal of Distance Education*, 11 (2): 19 – 38.

23. Lee, Youngmin, Marcy P. Driscoll & David W. Nelson. (2004) The Past, Present, and Future of Research in Distance Education: Results of a Content Analysis. *American Journal of Distance Education*, 18 (4): 225 – 241.

24. McIsaac, M. S. & C. N. Gunawardena. (1996) Distance Education. In Jonassen, D. H. ed. *Handbook of Research for Educational Communications and Technology: A Project of the Association for Educational Communications and Technology*. New

York: Simon and Schuster Macmillan.

25. Moore, Michael & Greg Kearsley. (1996) Distance Education—A System View. Wadsworth Publishing Company.

26. Moore, M. G. & W. G. Anderson. (2003) Handbook of Distance Education. Mahwah, NJ: Lawrence Erlbaum.

27. Nipper, S. (1989) Third Generation Distance Learning and Computer Conferencing. In R. Mason & A. Kaye. (eds.) *Mindweave: Communication, Computers and Distance Education.* Oxford: Permagon.

28. Panda, Santosh. (2003) Planning & Management in Distance Education (Open and Flexible Learning Series). Taylor and Francis Group.

29. Peters, Geoff. (2003) Models of Collaboration and Disaggregation in Open and Distance Learning. AAOU 17th Conference at STOU in Tailand.

30. Peters, Otto. (2001) Learning and Teaching in Distance Education: Pedagogical Analyses and Interpretations in an International Perspective (Open and Distance Learning). Taylor & Francis Group, Revised edition.

31. Perraton, Hilary. (1987) Theories, Generalisations and Practice in Distance Education. *Open Learning*, (2-3): 3-12.

32. Perraton, Hilary. (2000) Rethinking the Research Agenda. *The International Review of Research in Open and Distance Learning*, 1 (1).

33. Rekkedal, Torstein. (1994) Research in Distance Education—Past, Present and Future. http://www.nettskolen.com/pub/article.xsql?artid=139.

34. Rumble, G & Keith Harry. (eds.) (1982) The Distance Teach-

ing Universities. London: Croom Helm.

35. Rumble, G. (1988a) Animadversions upon the Concept of Distance Education as a Discipline. *Journal of Distance Education*, 3 (1).

36. Rumble, G. (1988b) The Costs and Costing of Distance/Open Education, in Jenkins, J. (ed.) *Commonwealth Co-operation in Open Learning: Background papers*, Commonwealth Secretariat, London, pp255 –8, 264 –6. http://www1.worldbank.org/disted/management/benefits/cost –01.html.

37. Rumble, G. (1989) On Defining Distance Education. *American Journal of Distance Education*, 3 (2): 8 –21.

38. Rumble, G. (1997) The Costs and Economics of Open and Distance Learning. London: Kogan Page.

39. Rumble, G. (1998) The Cost and Economics of Open and Distance Learning: Methodological and Policy Issues. PhD Thesis, Vol. 1, Milton Keynes: the Open University.

40. Rumble, G. (2001) Re-inventing Distance Education, 1971—2001. *International Journal of Lifelong Education*. 20 (1/2): 31 –43.

41. Rumble, G. & C. Latchem. (2004) Organizational Models for Distance and Open Learning. In Perraton, H. and H. Lentell (eds.). *Policy for Open and Distance Learning*. London: Routledge Falmer.

42. Russell, T. (2001) The "No Significant Difference Phenomenon". http://teleeducation.nb.ca/ nosignificantdifference/

43. Saba, F. (2003) Distance Education Theory, Methodology, and Epistemology: A Pragmatic Paradigm. In Moore, M and W. Anderson (eds.). *Handbook of Distance Education*. Mahwah: Law-

rence Erlbaum Association.

44. Scriven, Bruce. (1991) Ten years of "distance education". *Distance Education*, 12 (1): 137 – 145.

45. Sewart, David, Desmond Keegan & Borje Holmberg. (1988) Distance Education: International Perspectives. Routledge.

46. Sherry, L. (1996) Issues in Distance Learning. *International Journal of Educational Telecommunications*, 1 (4): 337 – 365. http://carbon. cudenver. edu/ ~ lsherry/pubs/issues. html.

47. Simeroth, Jason, Suzanne Butler, Hui-Chen Kung & James Morrison. (2003) A Cross Sectional Review of Theory and Research in Distance Education. *Journal of Distance Learning and Administration*, 6 (2).

48. Simonson, M. (1999) Equivalency Theory and Distance Education. *Tech Trends*, 43 (5): 5 – 8.

49. Simpson, Ormond. (2004) Student Retention in Online, Open and Distance Learning. Kogan Page.

50. Sparkes, J. J. (1983) The Problem of Creating a Discipline of Distance Education. *Distance Education*, 4 (2): 179 – 186.

51. Sturrock, J. & D. C. Howard. (1989) Looking in the Mirror: the Development Concept of Distance Education and the Journal of Distance Education. *ICDE Bulletin* 21, 54 – 59.

52. Tait, Alan. (2000) Planning Student Support for Open and Distance Learning. *Open Learning*, 15 (3): 287 – 299.

53. Tait, Alan & Roger Mills. (2003a) Re-thinking Learner Support in Distance Education: Change and Continuity in an International Context. Falmer Press.

54. Tait, Alan. (2003b) Editorial: Reflections on Student Support in Open and Distance Learning. *International Review of Research*

in Open and Distance Learning, 4 (1).

55. Taylor, J. C. (2001) Fifth Generation Distance Education. Keynote Address Given at the 20th ICDE World Conference on Open Learning and Distance Education, Dusseldorf, Germany. http://www. usq. edu. au/users/taylorj/publications _ presentations/2001_ ICDE_ DusseldorfKeynote. ppt.
56. Thach, E. (1994) Perceptions of Distance Education Experts Regarding the Roles, Outputs, and Competencies Ceeded in the Field of Distance Education. Unpublished doctoral dissertation, Texas A&M, Educational Human Resource Development Department, College Station, TX.
57. Thach, E. C. & K. L. Murphy (1995) Competencies for Distance Education Professionals. *Educational Technology Research and Development*, 43 (1): 57 - 79.
58. Thorpe, Mary. (2002) Re-thinking Learner Support: the Challenge of Online Learning. *Open Learning*, 17 (2): 105 - 120.
59. Williams, Peter (2000). Making Informed Decisions about Staffing and Training: Roles and Competencies for Distance Education Programs in Higher Education. *Online Journal of Distance Learning Administration*, 3 (2).

1. (美) 达肯沃尔德，梅里安，著. 成人教育——实践的基础. 刘宪梓，等译. 北京：教育科学出版社，1986.
2. 德斯蒙德·基更，著. 远距离教育基础. 丁新，等译. 北京：中央广播电视大学出版社，1996.
3. 德斯蒙德·基更，著. 远距离教育理论原理. 丁新，等译. 北京：中央广播电视大学出版社，1999.
4. 德斯蒙德·基更，著. 远程教育研究. 刑发国，李国红，译.

保定：河北大学出版社，2000.
5. 丁新，任为民. 现代远程教育试点的分析与思考. 中国远程教育，2000（6）：8－14.
6. 丁新. 中国远程教育发展的十大趋势（上）. 中国远程教育（资讯版），2003（2）.
7. 丁新. 中国远程教育发展的十大趋势（下）. 中国远程教育（资讯版），2003（4）.
8. 丁新，张秀梅. 美国远程教育的政策环境与实践发展. 开放教育研究，2003（3）.
9. 丁新，陈斌. 欧盟成员国远程教育法规评析. 电化教育研究，2003（3）.
10. 丁新，徐福荫，穆肃. 构建四个相结合的现代远程教育专门人才培养模式的研究. 电化教育研究，2004（9）.
11. 丁新. 论远程教育专业学科的产生及构建. 中国远程教育，2004（11）.
12. 丁兴富，高克明，董泽群，鄢凌，沈兆予. 远距离高等教育学导论. 北京：中央广播电视大学出版社，1987.
13. 丁兴富. 远距离教育的理论研究和学科建设. 现代远距离教育，1989（5，6）.
14. 丁兴富. 当代开放远距离教育发展和革新中的重大课题. 中国电大教育，1997（7，8）.
15. 丁兴富. 远程教育的实践发展和理论成熟. 现代远距离教育，2000（1）：7－15.
16. 丁兴富. 远程教育学. 北京：北京师范大学出版社，2001.
17. 丁兴富. 远程教育研究. 北京：首都师范大学出版社，2002.
18. 丁兴富. 远程教育学基本概念与研究对象之我见. 开放教育研究，2005a（1）：32－41.

19. 丁兴富. 远程教育质量保证国际比较研究及其主要结论. 中国远程教育，2005b（2）.
20. 丁兴富，张秀娟. 远程教育研究生专业课程设置现状的比较分析. 中国远程教育，2010（3）：20－23.
21. 董明传，毕诚，张世平. 成人教育史. 海口：海南出版社，2002：268.
22. 冯建军. 西方教育研究范式的变革与发展趋向. 教育研究，1998（1）.
23. 郭元祥. 教育逻辑学. 北京：人民教育出版社，2002.
24. 侯怀银. 我国新时期教育学科体系建设和发展的基本历程初探. 教育理论与实践，1998（4）：34－38.
25. 胡森，主编. "教育研究的历史"，国际教育百科全书（第3卷）. 贵阳：贵州教育出版社，1990.
26. 黄清云，主编. 国外远程教育发展与研究. 上海：上海教育出版社，2000.
27. 焦建利. 教育技术学元研究论纲——教育技术学若干基本理论问题探索. 电化教育研究，2004（4）.
28. 卡尔·帕顿，大卫·沙维奇. 政策分析和规划的初步方法. 北京：华夏出版社，2002.
29. 林金辉. 高等教育学学科建设的基本轨迹及其走向. 教育研究，2003（2）.
30. 李克东. 教育技术学研究方法. 北京：北京师范大学出版社，2003.
31. 李龙. 教育技术学科的定义体系——论教育技术学科的理论与实践. 电化教育研究，2003（9）：3－8.
32. 李爽，陈丽. 中国远程教育专业人员能力模型研究. 中国电化教育，2004（3）：62－68.
33. 李延成. 美国高等教育认证制度：一种高等教育管理与质量

保障模式. 高等教育研究，1998（6）：94.
34. 林志全，许建国，主编. 函授教育学. 北京：光明日报出版社，1988：9.
35. 刘雍潜，王珠珠. 教育技术学科研究现状与发展的调查报告（上）. 中国电化教育，2001（1）：5－9.
36. 刘雍潜，王珠珠. 教育技术学科研究现状与发展的调查报告（下）. 中国电化教育，2001（2）：16－20.
37. 娄立志. 教育科学学科体系与成人教育学科体系的构建. 成人教育，2002（5）：7－10.
38. 娄立志. 本体论与成人教育. 陕西师范大学继续教育学报（西安），2003（2）：5－9.
39.（美）马尔科姆·诺尔斯，著. 现代成人教育实践. 蔺延梓，等译. 北京：人民教育出版社，1989.
40. 潘懋元. 关于高等教育学学科建设的若干问题. 高等教育研究，1993（2）.
41. 潘懋元，陈兴德. 中国高等教育学科建设之路. 中国教育报，2004（4）.
42. 彭漪涟. 逻辑规律论. 上海：上海三联书店，1994.
43.（美）乔治·A. 比彻姆（George A. Beauchamp）著. 课程理论（Curriculum Theory）. 黄明皖，译. 北京：人民教育出版社，1989（原著是1981年第四版）.
44. 瞿葆奎，唐莹. "教育科学分类：问题与框架"，《教育科学分支学科丛书》代序. 北京：人民教育出版社，1998：12.
45. 单从凯. 远程教育：理论的自检和自觉. 中国远程教育，1999（7）：19－22.
46. 单从凯. 在国际视野中观照远程教育的本土进程——第四次"中国远程教育学术圆桌"综述. 中国远程教育，2005（1）.

47. （美）威廉·维尔斯曼，著．教育研究方法导论．袁振国，主译．北京：教育科学出版社，1997.
48. 王建华．学科、学科制度、学科建制与学科建设．江苏高教，2003（3）：54－56.
49. 王正东．关于远程教育学学科建设的若干理论思考．现代远距离教育，2001（2）：15－19.
50. 吴明隆．spss统计应用实务．北京：科学出版社，2003.
51. 希建华，张秀梅．融于远程教育教与学的教育技术．开放教育研究，2004（3）.
52. 希建华，张秀梅．马里兰大学的目标：为全美服务的开放大学．开放教育研究，2004（4）.
53. 希建华，张秀梅．国际远程教育研究的现状与挑战——专访国际远程教育著名专家迈克尔·穆尔博士．开放教育研究，2004（5）.
54. 希建华，张秀梅，远程教育与跨文化交流——专访国际远程教育知名学者夏洛特·古娜瓦德娜博士．开放教育研究，2005（1）.
55. 薛天祥，尹丽．高深专门知识的教与学活动——高等教育学理论体系的逻辑起点．上海高教研究，1997（3）：10－15.
56. 薛天祥．高等教育学．桂林：广西师范大学出版社，2001.
57. 袁昱明．远程教育研究的学科评价与构建．广播电视大学学报（哲学社会科学版），2002（4）.
58. 袁昱明．远程教育学的元研究和学科建设．中国远程教育，2004（10）：22－29.
59. 张夫伟．成人教育学学科独立性研究［硕士学位论文］．曲阜：曲阜师范大学，2003.
60. 张秀梅．高校网络远程教育质量保证体系的探索［硕士学位论文］．兰州：西北师范大学，2002.

61. 张秀梅，丁新. 迈克尔·穆尔研究. 中国电化教育，2004a (3).
62. 张秀梅，丁新. 国际远程教育学科论争鸣与启示. 开放教育研究，2004b (2).
63. 张秀梅，丁新. 远程教育专业硕士课程计划国际比较. 中国远程教育，2004c (12).
64. 张秀梅. 二十世纪国际远程教育发展中的三次学术争鸣. 现代远程教育研究，2005 (1).
65. 张秀梅. 远程教育学科体系研究［博士学位论文］. 广州：华南师范大学，2005.
66. 张秀梅，丁新. 试点十年远程教育类科研课题研究综述. 开放教育研究，2010a (3).
67. 张秀梅. 国际远程教育院校组织模式优势争鸣及合作取向. 电化教育研究，2010b (1).
68. 张秀梅. 远程教育硕士专业课程体系研究：澳大利亚的经验与启示. 中国电化教育，2011 (3).
69. 张维，主编. 世界成人教育概论. 北京：北京出版社，1990.
70. 张伟远. 远程教育理论的评价. 开放教育研究，1998 (5)：8－10.
71. 张伟远. 关于远程教育研究类型和研究方法分类的探讨. 开放教育研究，1999 (5)：39－42.
72. 张亚斌. 理论与实践具有双重社会文化意味的远程教育学研究对象. 中国远程教育，2002 (6)：7－11.
73. 赵宏，杨开城. 教育技术学学科体系研究. 现代教育技术，2003 (4)：18－23.
74. 郑日昌，崔丽霞. 二十年来我国教育研究方法的回顾与反思. 教育研究，2001 (6)：117－221.

75. 朱涛. 成人教育学科体系建设刍论. 西北成人教育学报, 2004 (3): 5 -9.

76. 朱国仁. 关于高等教育学的研究对象、体系与方法的思考. 教育研究, 1997 (2).

附录一　文献内容分析分类界定

一、分类原则

（1）每一类下的文章既可以包括实证研究的，又可以包括纯理论/学术探讨的。（2）同时含有两个主题的，应以中心词为准，即主要的研究焦点为准，必要时浏览全文。

二、14 类目的划分

（1）政策和法规（国家、省级、州、校）：略。

（2）学习支持服务（地区中心、辅导和咨询）：学习中心的建立等，地区提供的各种面授和辅导、运作机制、办学条件建设等。

（3）理论框架或元研究：对整个远程教育的理论和实践做系统的梳理和反思，包括理论框架、专业、学科等学术性文章。

（4）评估和评价及模型建立：略。

评价和评估主体包括远程教育各方（学生、教师、官方政府、远程教育机构）：学生对他方的评价（包括满意度），教师对学生等他方的评价，教育部和省教育行政部门对远程教育机构的评估，等等。评价对象包括学生、课程、教学过程、媒体资源等，不同远程教育手段的对比和选择（常出现在对比实验中）也是价值判断，因此也算是评价之中的。评价模型的理论探讨也算。

（5）课程设计和教学设计：略。

(6) 课程资源、媒体技术开发（还包括硬件环境的配备等）：略。

(7) 项目实施和管理运营：远程教育项目的实施或者说远程教育手段的运用。具体地说如我国的开放教育试点工程、注册视听生、西部远程教育工程、一个地区（省市）的远程教育实施情况，远程教育机构的管理、合作和决策、质量控制等。

(8) 课程、资源、媒体和技术应用和采用技术的应用情况。包括对技术的采用情况（与第二类略有差别，这一类重在应用，比如通过具体的某门课程教学来看网络课程/远程教育教材/平台是否合用等具体使用过程）。

(9) 学习者和学习：凡跟“学”的行为直接有关联的都算，包括在远程教育资源环境下的成人学习规律和理论、人口学特征、感受和满意度、保持率和退学、心理特征（动机）、学习风格等。

(10) 远程教育原理（机会、公平、使命）：国外多用 rationale 来表示这部分研究，主要探讨远程教育的功能和社会作用。它不同于元研究，缺少学术性、学科性和专业性。例如包括：对开放性、现代化、终身教育等理念的探讨，对电大办学定位、政策执行等的思考。

(11) 教师和教学、培训：凡跟“教”的行为有直接关联的都算。教师是指站点辅导教师，院校主持教学的教师，和普通院校开展网络教学的教师；教学是指一些教学概念如交互、控制、交互影响距离等教学规律的探讨；还有教师对技术的态度及角色定位等/网络教师的培训。

(12) 国外的文章及引介：对外文原文做直接的翻译或编译，对国外的远程教育及成人情况做介绍，如对美国国家技术大学的介绍等。

(13) 政策宣传、新闻报道：包括各类时事新闻、会议综述、报道及通知。此外，卷首语和编者按也不算论文。

（14）无关：只要不属于“远程教育”范畴的都不算，包括成人教育、自考等办学形式、教育技术、中小学信息技术教育教学等4个方面。凡属于以上4个方面的，不论是教学、媒体，还是新闻报道都归到无关里，即无效项，不予考虑分类。但对成人学习特点的研究除外，此类研究应纳入到第三类“学习者和学习”中。

附录二　各杂志内容分析统计数据表

一、《中国远程教育》

	1995	1996	1997	1998	1999	2000	2001	2002	2003	十年总量	比例
政策和法规	24	51	50	38	14	5	3	4	5	230	0. 080815
学习支持服务	39	39	30	39	36	10	16	14	20	275	0. 096627
元研究	8	17	14	7	25	12	22	19	22	154	0. 054111
评估和评价及模型建立	1	1	2	2	5	6	10	13	8	49	0. 017217
课程设计和教学设计	0	3	8	4	9	13	22	23	12	98	0. 034434
资源、媒体、技术及环境开发	12	16	21	11	17	24	13	9	7	138	0. 048489
项目实施和管理运营	1	5	0	1	0	36	36	12	12	103	0. 036191
资源、媒体、技术及环境应用和采用	3	8	8	15	10	29	24	23	25	145	0. 050949
学习者和学习	0	0	0	0	0	11	21	22	20	74	0. 026001
远程教育原理	1	6	4	4	8	29	40	24	30	147	0. 051651
教师和教学、培训	40	57	58	81	83	20	27	33	23	466	0. 163739
国外的文章及引介	23	31	28	16	29	3	3	4	4	179	0. 062895
政策宣传、新闻报导	11	10	14	9	10	49	60	74	42	302	0. 106114
无关	28	55	42	37	41	80	57	70	57	486	0. 170766
年度总量	191	299	279	264	287	327	354	344	287	2846	1

二、《开放教育研究》

	1998	1999	2000	2001	2002	2003	六年总量	比例
政策和法规	0	0	1	0	0	0	1	0. 00216
学习支持服务	1	0	0	0	0	2	2	0. 00432
元研究	3	1	1	4	0	1	7	0. 015119
评估和评价及模型建立	3	1	1	2	4	2	10	0. 021598
课程设计和教学设计	5	1	5	5	2	2	15	0. 032397
资源、媒体、技术及环境开发	1	6	3	3	1	2	15	0. 032397
项目实施和管理运营	7	5	2	7	4	5	23	0. 049676
资源、媒体、技术及环境应用和采用	4	5	8	2	9	7	31	0. 066955
学习者和学习	5	6	5	4	9	10	34	0. 073434
远程教育原理	10	23	17	22	13	6	81	0. 174946
教师和教学、培训	8	10	8	4	15	8	45	0. 174946
国外的文章及引介	7	3	7	10	10	11	41	0. 088553
政策宣传、新闻报导	12	15	6	6	8	21	56	0. 12095
无关	19	6	14	20	31	31	102	0. 220302
年度总量	85	82	78	89	106	108	463	1

三、《远程教育杂志》（浙江）

	1994	1995	1996	1997	1998	1999	2000	2001	2002	2003	十年总量	比例
政策和法规	0	0	0	0	0	0	0	0	2	3	5	0.015152
学习支持服务	0	0	0	0	0	0	0	0	3	3	6	0.018182
元研究	0	0	0	1	3	3	10	5	1	5	28	0.084848
评估和评价及模型建立	0	0	0	0	0	0	0	1	2	2	5	0.015152
课程设计和教学设计	0	1	0	0	1	1	4	14	8	4	33	0.1
资源、媒体、技术及环境开发	0	0	0	0	0	1	0	1	1	1	4	0.012121
项目实施和管理运营	0	0	1	1	0	2	7	5	2	6	24	0.072727
资源、媒体、技术及环境应用和采用	0	0	2	6	3	5	12	17	18	15	78	0.236364
学习者和学习	0	0	0	0	0	2	5	2	2	7	18	0.054545
远程教育原理	0	0	1	5	7	8	6	9	15	10	61	0.184848
教师和教学、培训	1	0	2	1	2	4	7	2	4	3	26	0.078788
国外的文章及引介	0	2	5	0	0	1	2	2	0	0	12	0.036364
政策宣传、新闻报导	0	0	1	0	0	1	4	5	9	0	20	0.060606
无关	0	0	0	0	0	0	2	1	4	3	10	0.030303
年度总量	1	3	12	14	16	28	59	64	71	62	330	1

《现代远程教育研究》（四川）

	2000	2001	2002	2003	四年总量	比例
政策和法规	0	0	0	0	0	0
学习支持服务	1	6	4	7	18	0.070866
元研究	2	2	6	7	17	0.066929
评估和评价及模型建立	1	1	4	4	10	0.03937
课程设计和教学设计	0	2	4	5	11	0.043307
资源、媒体、技术及环境开发	0	2	5	5	12	0.047244
项目实施和管理运营	3	13	2	4	22	0.086614
资源、媒体、技术及环境应用和采用	0	3	9	2	14	0.055118
学习者和学习	2	5	4	3	14	0.055118
远程教育原理	1	12	3	4	20	0.07874
教师和教学、培训	1	5	9	6	21	0.082677
国外的文章及引介	0	4	2	1	7	0.027559
政策宣传、新闻报导	3	11	15	19	48	0.188976
无关	3	16	11	10	40	0.15748
年度总量	17	82	78	77	254	1

附录三 “远程教育学科研究框架”调查问卷

中文版

尊敬的代表：

您好！

感谢您在百忙之中拨冗填写本问卷。本调查旨在对本领域国内外专家对远程教育学科结构（或研究内容子体系/研究子领域）的认识和看法做一次较为系统的了解，以帮助课题组更好地分析远程教育的学科理论框架。我们真切盼望您的合作和支持。

问卷调查采取匿名形式（如方便，您可在调查问卷的最后部分填写您的个人联系方式），您的回答是保密的。本问卷的完成需要占用您 10 分钟左右的时间，请您回答时尽可能的坦诚和完整。谢谢您的参与！

华南师范大学现代远程教育研究所课题组

第一部分 基本资料和观点

1. 您来自的国家/地区：____________单位：____________________Email：____________

2. 您的职业背景（可多选）：（1）远程教育 （2）教育技术 （3）成人教育 （4）高等教育 （5）其他____________

3. 您在远程教育领域工作了将近：______年

4. 您目前从事的工作主要属于（可多选）：

（1）行政管理（包括教育管理） （2）教学 （3）科研
（4）技术支持 （5）资源开发

5. 您认为远程教育是否是一门独立的学科？

（1）是（请继续第6题） （2）不是（请转到第7题）

6. 如果是一门学科，远程教育学科目前所处的阶段是：

（1）正在形成 （2）已经确立 （3）完全成熟

7. 您认为目前远程教育是否可以作为一门独立的专业在大学开设？

（1）是（请继续第8题） （2）不是（请转到第二部分）

8. 如果远程教育可以作为一个独立的专业，您认为中国或您所在的地区目前应在什么层次上设立？（可多选）

（1）本科 （2）硕士 （3）博士 （4）短期培训（半年至一年） （5）其他____________

第二部分 远程教育学科研究框架涉及内容及同意程度

以下是根据研究得出的11个远程教育学科结构中的研究子领域（或研究子体系）。请您根据您的同意程度给每一项内容打分，其中“1～4”分别表示“很不同意，不太同意，比较同意，非常同意”。如果您认为还涉及其他二级子领域，请在表后补充，并打分。

研究子领域（或研究子体系）	很不同意	不太同意	比较同意	非常同意
（1）远程教育历史	1	2	3	4
（2）远程教育研究方法和方法论	1	2	3	4
（3）远程教育原理（包括与大教育、终身教育等体系以及与社会经济发展之间的关系，对远程教育存在的合理性等元研究）	1	2	3	4

续上表

研究子领域（或研究子体系）	很不同意	不太同意	比较同意	非常同意
（4）远程教育基础理论（如教学工业化理论、独立和自主学习理论、交互和通信理论等）	1	2	3	4
（5）学习支持服务（包括远程教育组织系统内各部门和地方学习中心为学生提供的教务管理和咨询等工作）	1	2	3	4
（6）远程教育系统管理（包括行政管理、领导决策、规划设计、外部合作、营运、成本分析、质量保证等）	1	2	3	4
（7）远程教育评估和认证（包括对机构整体的评价和认证）	1	2	3	4
（8）远程教育政策法规（包括国家和地区以及院校制定的政策法规和规章制度）	1	2	3	4
（9）远程教育中的教学研究（包括教学设计、学习环境设计、教学媒体应用、教学模式、教学策略、交互、教学效果评价等研究）	1	2	3	4
（10）远程教育中的技术/媒体开发（包括资源建设、平台开发、课程设计、各种媒体形式的教学材料开发等）	1	2	3	4
（11）远程教育参与者研究（包括对学生、课程教师和教学服务人员的角色、能力、感受、态度、培训发展、心理学特征、人口学特征等研究）	1	2	3	4
其他：	1	2	3	4
	1	2	3	4

英文版

Questionnaire on the Framework of Distance Education as an Academic Discipline or a Research Field

Note: This form is used to gain a better understanding of the framework of distance education (short for DE) as an academic discipline or a research field. Rate your agreement with each item by ticking the number that best matches your view. The time required to complete this information collection is estimated to average 10 minutes per response. Your response will remain confidential and the results will only be used for academic study on the framework of distance education research.

Section Ⅰ Basic Information of You and Your View

1. Nationality /Region: ____________ Institution: ____________ Email: ____________

2. Your vocational background:

(1) distance education (2) educational technology (3) adult education (4) higher education (5) other ____________

3. Years of career in distance education field: ____________

4. What do you mainly do in DE field?

(1) Administration and management (2) teaching (3) academic research (4) technical support (5) technological development

5. Do you think whether distance education is an academic disci-

pline?

(1) yes　　　　(2) no→go to 7

6. If it is a discipline, then which phase is distance education now in?

(1) establishing　(2) established　(3) mature

7. Is it necessary to provide a set of programs for training distance education professionals in universities and colleges?

(1) yes　　　　(2) no→go to Section Ⅱ

8. which level programs should be provided for training DE professionals by universities and colleges in your country? (multiple choice)

(1) Bachelor degree　(2) Master degree　(3) Doctoral degree　(4) Certificate or Diploma　(5) other ____________

Section Ⅱ Subsets of Research Field for Distance Education

Subsets of Research Field for Distance Education	Strongly Disagree	Disagree	Agree	Strongly Agree
(1) **History of DE**	1	2	3	4
(2) **Research methods and Methodology for DE**	1	2	3	4
(3) **Rationale of DE** (general mission, interaction with broader education circumstances, relationship and contribution to lifelong learning, society, economics and politics and other factors that causes DE into reality)	1	2	3	4

续上表

Subsets of Research Field for Distance Education	Strongly Disagree	Disagree	Agree	Strongly Agree
(4) **Theoretical Underpinnings** (such as industrialization of teaching, theory of independence and autonomy, theory of interaction and communication and so on)	1	2	3	4
(5) **Learner Support Services** (exclusively logistics and administrative support for learning from enrolment to graduation provided by the host institution and regional learning centers)	1	2	3	4
(6) **Management and Leadership in DE** (including administration, leadership and decision-making, systematic planning, institutional collaboration, business, marketing, costing, quality assurance, etc)	1	2	3	4
(7) **Evaluation and Accreditation for DE** (involve evaluating quality of programs and the organization)	1	2	3	4
(8) **Policy and Legislation for DE** (concerning national, regional, institutional policies making and legislation for DE)	1	2	3	4
(9) **Teaching and Learning in DE** (such as instructional design, teaching strategies, interaction, teaching assisted by various media and technology, learning effectiveness)	1	2	3	4

续上表

Subsets of Research Field for Distance Education	Strongly Disagree	Disagree	Agree	Strongly Agree
(10) **Course Materials and Tools Development** (including design and development of resources, platforms and a variety of course materials, etc)	1	2	3	4
(11) **Study on Participants in DE** (including study on the perceptions, role, competence, training, attitude, psychological characters, anthropological features and other related aspects of DE learners, faculty, tutors, administrative staff)	1	2	3	4
Other subset that you recommend:	1	2	3	4
	1	2	3	4
	1	2	3	4
	1	2	3	4